Jonas Lanig

Gegen Chaos und Disziplinschwierigkeiten: Eigenverantwortung in der Klasse fördern

So geht das!

30 Tipps und Strategien

IMPRESSUM

Titel:

Gegen Chaos und Disziplinschwierigkeiten:
Eigenverantwortung in der Klasse fördern
So geht das! 30 Tipps und Strategien

Autor: Jonas Lanig

Illustrationen: Magnus Siemens

Druck: Druckerei Uwe Nolte, Iserlohn

Verlag an der Ruhr
Postfach 10 22 51, 45422 Mülheim an der Ruhr
Alexanderstraße 54, 45472 Mülheim an der Ruhr
Tel.: 0208 – 439 54 50, Fax: 0208 – 439 54 239
E-Mail: info@verlagruhr.de
www.verlagruhr.de

ISBN 10: **3-86072-916-0** (bis 12/2006)
ISBN 13: **978-3-86072-916-8** (ab 2007)

geeignet für **alle Schulstufen**

Gedruckt auf chlorfrei gebleichtes Papier.

Die Schreibweise der Texte folgt der neuesten Fassung der Rechtschreibregeln – gültig ab August 2006.

INHALT

EINLEITUNG

Kapitel 1: METHODEN

Kapitel 2: PROJEKTE

Kapitel 3: RITUALE

Der ganz alltägliche Terror

Mit der trauten Idylle einer pädagogischen Provinz hat die pädagogische Wirklichkeit in unseren Klassenzimmern nicht viel gemein. Hier weht ein rauer Wind, hier geht es knallhart zur Sache. Und das abstoßende Bild, das Publikumszeitschriften und Fernsehmagazine von den Zuständen an unseren Schulen zeichnen, wird in der Praxis oft noch übertroffen. Wenn ein regulärer Unterricht nicht mehr durchzuführen ist oder wenn andere Schüler* körperlich und psychisch bedroht werden – dann muss die Schule reagieren. Aber sie hat dafür in den meisten Fällen noch keinen Plan.

Viele Schüler legen ein Verhalten an den Tag, das nicht mehr als „Unterrichtsstörung" verharmlost werden darf. Denn um eine bloße „Unterrichtsstörung" handelt es sich auch dann, wenn sich die Schulleiterin mit einer Hausdurchsage an alle Schüler wendet oder wenn ein Handwerker das Schulgebäude mit seiner Bohrmaschine zum Vibrieren bringt. Unterrichtsstörungen sind ärgerlich, entspringen aber nicht immer einer bösen Absicht. Deshalb sollte in diesem Zusammenhang eher von einem „**Disziplinkonflikt**" gesprochen werden: Hier verstoßen einzelne Schüler gegen geltende Regeln und Vorschriften und gefährden damit die Rahmenbedingungen schulischen Lernens.

Solche Disziplinkonflikte sind fast überall das vorherrschende Thema – auch wenn sich das nur wenige Schulen eingestehen. In Umfragen beteuern Lehrer einstimmig, die Rücksichtslosigkeiten und Aufgedrehtheiten ihrer Schüler seien für sie zum wichtigsten **Belastungsfaktor** geworden. Und auch viele Schüler fühlen sich durch die Lautstärke im Klassenzimmer eher genervt

---

**Aus Gründen der besseren Lesbarkeit haben wir in diesem Buch durchgehend die männliche Form verwendet. Natürlich sind damit auch immer Frauen und Mädchen gemeint, also Lehrerinnen, Schülerinnen etc.*

als durch Notendruck oder Prüfungsstress. Am Disziplinproblem entscheidet sich, wie viel Leistung unsere Schüler bringen, welche Methoden im Unterricht eingesetzt werden und wie demokratisch es in den Klassenzimmern zugeht. Disziplin ist kein Wert an sich. Aber Disziplinlosigkeiten können alles entwerten, was pädagogisch als sinnvoll und richtig erkannt wurde.

Die betroffenen Lehrer sind sich selbst nicht einig, ob der Umfang der Disziplinkonflikte in den letzten Jahren zugenommen hat. Einig ist man sich hingegen, wenn es um die Qualität des Fehlverhaltens geht: Hier bescheinigen die Lehrer ihren Schülern, keine Spielregeln mehr akzeptieren zu wollen und über Gesprächsangebote kaum mehr erreichbar zu sein. Tatsächlich enthält der Kanon des Fehlverhaltens zahlreiche Erscheinungsformen, die sich zu einem hässlichen Gesamteindruck zusammenfügen.
Diese **unterschiedlichen Erscheinungsformen** sind auf der nächsten Seite einmal zusammengefasst:[1]

[1] *Vgl. Gert Lohmann: Mit Schülern klarkommen. Professioneller Umgang mit Unterrichtsstörungen und Disziplinkonflikten. Berlin 2003, S. 13 und 26.*

mangelnde Präsenz	Zuspätkommen Blaumachen Schulverweigerung
negative Einstellung	fehlende Arbeitsmaterialien Unordnung auf den Tischen Unaufmerksamkeit demonstratives Desinteresse Nebenbeschäftigungen unerledigte Arbeitsaufträge Nicht-Erledigung von Hausaufgaben
motorische Unruhe	Kippeln mit dem Stuhl Herumzappeln Herumlaufen im Klassenzimmer
verbale Störungen	Quatschen vorlautes Verhalten Zwischenrufe
aggressives Verhalten	Wegnehmen und Verstecken fremden Eigentums Gewalt gegen Sachen Mitbringen von Waffen Rempeleien Schläge Verletzungen Provokationen Wutausbrüche Beleidigungen Drohungen Mobbing
Verstöße gegen die Hausordnung	Essen im Unterricht Störungen durch Handys Rauchen im Schulgebäude
Straftaten	Unterschriftenfälschung Veruntreuung Diebstahl Erpressung vorsätzliche Körperverletzung Tragen verbotener Abzeichen

Disziplinkonflikte prägen vielerorts den pädagogischen Alltag. Doch viele Schulen wollen das nicht wahrhaben. Gerade da, wo Schulen miteinander konkurrieren, werden solche Regelverstöße verharmlost und heruntergespielt. Deshalb ist vom tatsächlichen Ausmaß der Disziplinprobleme in der Außendarstellung der Schulen auch kaum etwas wahrzunehmen. Und diese Strategie des Verschweigens und Beschönigens setzt sich in unseren Lehrerzimmern fort: Da haben nur die wenigsten den Mut, ihre eigenen Disziplinkonflikte zum Thema zu machen. Da will sich keiner nachsagen lassen, seine unruhigen, verschwätzten oder aggressiven Schüler nicht im Griff zu haben. Hier ist nach innen und nach außen eine Menge Unsicherheit im Spiel. Und diese Unsicherheit verhindert jeden offenen und solidarischen Diskurs über ein Schlüsselproblem der pädagogischen Arbeit.

Von neuen Grenzen und alten Konsequenzen

Man hat den Eindruck, dass Deutschlands Eltern und Lehrer jetzt zum Gegenschlag ausholen. Den Büchermarkt überfluten inzwischen Titel, die das Ende des antiautoritären Zeitalters beschwören. Gefordert wird, den Kindern endlich ihre Grenzen aufzuzeigen und ihnen nicht mehr alles durchgehen zu lassen. Das hatte zwar eigentlich auch niemand vor – aber als Feindbild ist das Prinzip einer antiautoritären Erziehung einfach unschlagbar.

Dass Kinder auf Orientierung angewiesen sind, um sich in dieser Welt zurechtzufinden – das ist eine Binsenweisheit. Dass sie deshalb auch Normen und Regeln zu akzeptieren haben – auch das wird niemand bestreiten wollen. Spannend wird es aber erst, wenn Kinder gegen solche Regeln verstoßen haben. Mit welchen Konsequenzen sollen sie dann zu rechnen haben, welche Sanktionen sind in diesem Fall vertretbar und wie weit darf man dabei gehen? Solche Fragen beschäftigen derzeit den öffentlichen Diskurs. Und jeder diskutiert mit. Denn in Fragen der pädagogischen Praxis kann sich jeder zum Fachmann berufen fühlen. In diesem Zusammenhang wird auch die Strafe wieder hoffähig – nachdem sie viele Jahre in die pädagogische Schmuddelecke verbannt war. Der Bestrafer und der Bestrafte brauchen sich ihres Tuns nicht mehr zu schämen, denn die Strafe scheint nichts Anrüchiges mehr an sich zu haben. Da hält es mancher brave Bürger für opportun, seinen Partykeller mit den Bußgeldbescheiden eines langen Fahrerlebens zu tapezieren. Da kokettiert so mancher Profifußballer damit, wenn ihm sein Verein eine saftige Disziplinarstrafe aufgebrummt hat.
Und da feiern die Bewohner des Big-Brother-Containers die gegen sie verhängten Strafen wie einen gelungenen Party-Gag.

Wo alles straft, scheint sich auch die Schule nicht länger zurückhalten zu wollen. Ihre Sanktionsmöglichkeiten haben sich in den letzten fünfzig Jahren kaum verändert: Disziplinkonflikte werden mit Strafarbeiten, mit Verweisen oder mit Nachsitzen geahndet. Geändert hat sich lediglich die Haltung der Lehrkräfte. Auch wer einst mit dem Vorsatz angetreten war, auf den Einsatz von Schulstrafen gänzlich zu verzichten, hat inzwischen für sich den Charme der Sanktionspädagogik entdeckt.[2]

---

[2] *Vgl. Thomas Jansen-Hochmuth/Gerald Warnke: Von der grenzenlosen Freiheit zur Freiheit in Grenzen. In: Johannes Bastian (Hrsg.): „Strafe muss sein?“ Das Strafproblem zwischen Tabu und Wirklichkeit. Weinheim und Basel 1995.*

Auch wer sich der Fragwürdigkeit solcher Strafen durchaus bewusst ist, glaubt, darauf nicht mehr verzichten zu können. Eine Schule ohne Strafen erscheint den meisten Lehrkräften als eine ebenso ehrenwerte wie naive Utopie, die sich gegen die harten Realitäten des Schulalltags nicht zu behaupten vermag.

Die neue Lust am Strafen hat darüber hinaus eine ungeahnte Kreativität in Gang gesetzt. Während das gängige Schulrecht nur wenige Sanktionsmöglichkeiten vorsieht, zeichnen sich in der Strafpraxis unserer Schulen Entwicklungen ab, von denen die Pauker der „Feuerzangenbowle" noch nicht einmal zu träumen wagten:

1. *„Das wird Folgen haben!"* Diese Drohung vermag die Schüler zunächst tatsächlich zu beeindrucken. Wenn die angekündigten Folgen dann aber ausbleiben, wird sich ihre abschreckende Wirkung sehr bald verflüchtigt haben. Deshalb setzt man inzwischen an vielen Schulen auf das Prinzip der „**natürlichen**" bzw. der „**logischen**" **Folgen**. Wenn ein Schüler z.B. immer wieder versäumt, das Geld für den Wandertag mitzubringen, und dabei alle ihm gesetzten Fristen verstreichen lässt, muss er für die natürlichen Folgen seines Fehlverhaltens aufkommen. Konkret bedeutet das, dass er vom Wandertag ausgeschlossen wird und stattdessen den Unterricht in der Parallelklasse besuchen muss. Weil solche natürlichen Folgen oft nicht greifen, fühlen sich manche Lehrkräfte berufen, hier ein wenig nachzuhelfen. Aus den natürlichen werden dann logische Folgen. Hat ein Schüler z.B. wieder einmal seine Formelsammlung vergessen, wird kurzerhand eine Stegreifaufgabe angesetzt, in der man ohne eine solche Formelsammlung aufgeschmissen ist. Hier werden die Folgen der „bösen Tat" arrangiert – und dem Einfallsreichtum der Lehrkräfte sind dabei keine Grenzen gesetzt.[3]

---

[3] *Vgl. Gereon Reimann: Wenn Kinder immer machen, was sie wollen. Ganz ohne Strafen geht es nicht. Freiburg i.B. 2003.*

Gerade die logischen Folgen suggerieren eine Objektivität, die eigentlich gar nicht gegeben ist. Denn ob ein Fehlverhalten für den Betroffenen Folgen hat oder nicht – das kann der Lehrer ganz willkürlich entscheiden. Er selbst bestimmt faktisch das Strafmaß, kann sich aber hinter einer vermeintlichen Zwangsläufigkeit verstecken. Deshalb handelt es sich auch bei den natürlichen oder logischen Folgen um Strafmaßnahmen – nur, dass der Urheber hier verborgen bleibt.

2. Bei Schülern und Lehrern gleichermaßen populär sind die so genannten **„Fun-Strafen"**. Auch sie ahnden Disziplinlosigkeiten – haben aber den großen Vorteil, dass sie nicht wehtun. Wer mit einer solchen Strafe belegt wird, braucht sich die gute Laune nicht verderben zu lassen. Denn hier wird das Fehlverhalten allenfalls mit einem Anflug von Schadenfreude geahndet. Der Delinquent wird nämlich dazu verdonnert, seinen Mitschülern etwas Gutes zu tun. Und damit hat es sich meist auch schon. In fast jeder Klasse ist eine dieser Fun-Strafen bereits zum festen Ritual erhoben worden. Das kann bedeuten:

- **Wer sein Geodreieck vergessen hat, muss 10 Cent in die Klassenkasse zahlen.**
- **Wer nach der Pause als Letzter erscheint, muss die Tafel wischen oder neue Kreide holen.**
- **Wer im Unterricht beim Gähnen erwischt wird, muss für die anderen Kaffee kochen.**
- **Wer auf dem Schulhof als Schläger aufgefallen ist, muss für die ganze Klasse einen Kuchen backen.**
- **Wer seinen Tisch verunstaltet hat, muss eine neue Pflanze für das Klassenzimmer mitbringen.**

Als Erben der Spaßgesellschaft haben die Schüler mit solchen Gepflogenheiten kein Problem. Denn solche Strafen müssen niemandem peinlich sein, und manchmal lassen sich dafür sogar die Eltern einspannen. Mögen die Fun-Strafen auch dazu angetan sein, die Stimmung im Klassenzimmer zu heben – **einen Beitrag zur Werteerziehung leisten sie nicht**. Denn Disziplinkonflikte lassen sich nicht aus der Welt schaffen, wenn die auffällig gewordenen Schüler so „billig" davonkommen. Hier wäre ein ausführlicher Diskurs notwendig und ein gemeinsames Nachdenken über die Tragweite des eigenen Verhaltens. Solche Einsichten vermitteln sich aber nicht über kleine Gefälligkeiten, sondern nur über eine ernsthafte Auseinandersetzung mit dem eigenen Tun. Auch wer nur ein paar Minuten zu spät kommt, belastet die Konzentration seiner Mitschüler und stört den Lehrer bei seiner Arbeit. Er schadet anderen – und für dieses Fehlverhalten sollte sich niemand durch kleinere Botengänge im Schulgebäude freikaufen können.

3. Viele trauen der naturwüchsigen Autorität von Vorschriften und Verboten inzwischen nicht mehr. An einigen Schulen wurde aus der traditionellen Hausordnung deshalb eine **Schulverfassung**: Hier ist nicht nur detailliert festgehalten, was ein Schüler den ganzen Tag zu tun und zu lassen hat. Hier ist auch für alle Zeiten geregelt, welches Fehlverhalten jeweils welche Sanktionen nach sich zieht. An einer Schule im niederbayerischen Landshut hat man alle erdenklichen Regelverstöße aufgelistet und sich für jeden einzelnen Fehltritt einen ganzen Katalog von Strafmaßnahmen ausgedacht. Die Schüler wissen also sehr genau, womit sie zu rechnen haben, wenn sie durch ihr Verhalten unangenehm auffallen.

Wer z.B. im Schulgebäude raucht, muss

- **die „Kippen“ auf dem Schulgelände einsammeln,**
- **sich einen Vortrag über die gesundheitlichen Risiken des Rauchens anhören und**
- **damit rechnen, dass auch seine Eltern benachrichtigt werden.**

Wer sich im Schulbus schlecht benimmt, muss künftig einen späteren Bus nehmen. Wenn das immer noch nichts nützt, wird ihm die Busfahrkarte für einen längeren Zeitraum entzogen. Und wenn ihn auch das noch nicht auf den Weg der Läuterung bringt, soll wenigstens das Opfer seiner Gewalttätigkeiten unter Personenschutz gestellt werden – so jedenfalls sieht es die Schulverfassung des SFZ Landshut vor.[4]

An manchen Schulen ist es üblich, einen solchen „neuzeitlichen Hexenhammer“ von den Schülern unterschreiben zu lassen. Diese erklären sich dadurch mit den in der Schulverfassung festgelegten Sanktionen einverstanden. Einmal ertappt, ist die Bestrafung nur noch reine Formsache.

Das eigene Fehlverhalten wird durch die Vorgaben einer solchen Schulverfassung berechenbar – schlimmer noch: Es wird kalkulierbar. Wer bisher noch nicht beim Rauchen erwischt wurde, kann getrost zur Zigarette greifen. Auch wenn sein Treiben entdeckt wird, muss er allenfalls

[4] *Vgl. Dieter Wehnert: Disziplin in der Schule. Wege zu einer neuen Umgangskultur. Donauwörth 2003, S. 94f.*

damit rechnen, die im Schulgelände herumliegenden „Kippen" wegzuräumen und sich einen Vortrag anzuhören. Und mit einem solchen Risiko lässt sich gut leben. Ein Unrechtsbewusstsein wird sich unter solchen Voraussetzungen aber kaum einstellen, ein Verhaltensdiskurs macht da wenig Sinn. Der Automatismus der Strafe beraubt die Lehrkräfte darüber hinaus jedes pädagogischen Spielraums. Die Gesamtpersönlichkeit des Schülers bleibt ebenso auf der Strecke wie der gesamte Kontext des Disziplinkonflikts.

Strafen haben kurze Beine

„Strafe muss sein!" – Lange Zeit zählte dieser Grundsatz zu den unumstößlichen Dogmen der Schulpädagogik. Und niemand hätte es wagen dürfen, dieses klassische Instrument eines autoritären Erziehungsgebarens auch nur in Frage zu stellen.[5] Erst die Generation der 68-er wagte es, das Unaussprechliche auszusprechen und den universellen Geltungsanspruch der Schulstrafe kritisch zu hinterfragen. Für *Alexander S. Neill* als den Mentor der antiautoritären Erziehung stand von vorneherein fest: *„Strafe ist immer ein Akt des Hasses."*[6] Und eine ganze Generation künftiger Lehrer und Erzieher folgte ihm in dieser Einschätzung. Aus Neills Jüngern von damals

---

[5] *Vgl. Rudi Palla: Die Kunst, Kinder zu knechten. Ein Rezeptbuch der Pädagogik. Frankfurt a.M. 1997.*

[6] *Alexander S. Neill: Theorie und Praxis der antiautoritären Erziehung. Das Beispiel Summerhill. Reinbek 1969, S. 167.*

sind inzwischen etablierte Lehrkräfte geworden, die die Begeisterung der frühen Jahre gegen einen pädagogischen Pragmatismus eingetauscht haben. Viele von ihnen greifen zur Strafe als einer „ultima ratio" pädagogischen Handelns – ohne selbst von deren Unausweichlichkeit überzeugt zu sein. Nicht nur für sie macht es Sinn, sich die grundsätzliche Kritik an der Strafpraxis unserer Schulen in Erinnerung zu rufen:

Strafen ändern nichts

Wissenschaftler wie Praktiker sind sich einig: Über die Verhängung von Strafen sind die Einstellung und das Verhalten von Schülern nachhaltig nicht zu verändern. Es mag sein, dass eine Strafe zu einer vordergründigen Beruhigung der pädagogischen Situation beitragen kann. Weil sie aber immer nur an den Symptomen herumoperiert, sind ihre Effekte rasch verpufft. Wer damit rechnen muss, sich für seine Gespräche mit dem Banknachbarn eine Strafarbeit einzuhandeln, wird das Schwätzen zunächst unterlassen. Begriffen oder gar gelernt hat er deswegen aber nichts. Im nächsten Fach, bei der nächsten Lehrerin oder in der nächsten Klasse werden ihn die alten Verhaltensprobleme wieder eingeholt haben. Hier wird einem Vermeidungshandeln Vorschub geleistet, ohne dass die Einstellung der Schüler selbst erreicht werden könnte. Aber gerade an der müsste eigentlich gearbeitet werden.

Strafen sind ungerecht

Die gerechte Strafe ist eine ebenso fiktive Größe wie der gerechte Krieg. Denn einerseits wird ein und dasselbe Fehlverhalten mit ganz unterschiedlichen Sanktionen belegt: Einmal wird das Fahrradfahren auf dem Schulhof mit einem kameradschaftlichen Hinweis geahndet *(„Mach's wie dein Lieblingsverein: Steig ab!"),* ein andermal bringt dieses Delikt dem Übeltäter eine Stunde Nachsitzen ein. Andererseits sind die Tatumstände oft so verschieden, dass eine Strafe dem Delinquenten nie gerecht werden kann. Wer seine Hausaufgabe vergessen hat, muss mit einer Strafe rechnen – ganz egal, ob er am Nachmittag auf seine kleinen Geschwister aufpassen musste oder ob er sich die Zeit mit Talkshows und Computerspielen vertrieben hat. Und diese offenkundige Ungerechtigkeit belastet jede ernsthafte Auseinandersetzung mit dem eigenen Fehlverhalten.

Strafen lösen keinen Konflikt

Jeder Umgang mit Konflikten ist eine Frage der Zeit. Wer einen Disziplinkonflikt mit dem Mittel der Strafe zu lösen versucht, macht es sich zu leicht. Er setzt auf die schnelle Entscheidung und fühlt sich dadurch womöglich in seiner pädagogischen Autorität gestärkt. Kurzen Prozess machen, das bedeutet aber auch: sich einer wirklichen Auseinandersetzung entziehen. Viele Schüler sind es von zu Hause her gewöhnt, dass Konflikte im Hauruck-Verfahren entschieden werden. Sie haben Anspruch darauf, in der Schule mit einem geduldigeren, zeitaufwändigeren Konfliktmodell konfrontiert zu werden. Mag sein, dass die Strafe manchen Konflikt beendet – lösen lässt er sich auf diesem Wege nicht. Manche Kollegen prahlen damit, schon die bloße Androhung einer Strafe habe die Klasse spontan verstummen lassen. Die Schule sollte aber nicht einem solchen vordergründigen Mechanismus vertrauen – sondern sich ganz einfach Zeit lassen.

Strafen kosten Vertrauen

Im Verhältnis von Lehrern und Schülern spiegelt sich das pädagogische Selbstverständnis in allen seinen Facetten: Die einen sehen sich eher zum Fachmann berufen und erledigen ihre erzieherischen Aufgaben nur noch so nebenbei. Andere versteifen sich auf die Rolle des „Dompteurs“, der eine ebenso aufgedrehte wie uneinsichtige Schülermeute in die Schranken zu verweisen hat. Und eine dritte Gruppe versteht sich als Sozialpädagogen, die den Schülern in allen ihren Befindlichkeiten gute Ratgeber sein wollen.[7]

Nachgefragt werden Lehrer allerdings zunehmend in dieser letzten Rolle. Weil die Schüler außerhalb der Schule oft niemanden haben, der ihnen in ihren persönlichen und sozialen Problemlagen zur Seite steht, muss der Lehrer für sich diese Rollenerwartung akzeptieren. Er wird künftig vor allem als Coach seiner Schüler auftreten, und damit ist immer ein besonderes Vertrauensverhältnis verbunden. Ein kurzzeitiger Rollenwechsel in das Fach des Scharfrichters und des Vollstreckers würde dieses Vertrauensverhältnis nachhaltig belasten. Wer einen Disziplinkonflikt mit dem Mittel der Strafe zu lösen versucht, muss wissen, dass er damit aus der Rolle fällt – und dass sein Vertrauensverhältnis zu den Schülern dadurch nachhaltig beschädigt wird.

Strafen sind Selbstbetrug

Wenn Schüler den Unterricht stören oder ihre Lehrer provozieren – dann sind das immer auch Rückmeldungen. Sie belegen, dass sich die Schüler im Unterricht langweilen, dass sie der Stoff überfordert oder dass das Verhältnis zum Lehrer nachhaltig belastet ist. Niemand setzt sich solchen Rückmeldungen gerne aus. Und doch müssen sie sensibel registriert und sorgfältig aufgearbeitet werden, wenn die Weiterentwicklung des Unterrichts

[7] *Vgl. Lohmann 2003, ebenda, S. 33 ff.*

wirklich funktionieren soll. Auf solche notwendigen Rückmeldungen aber mit Strafen zu reagieren, käme einer pädagogischen Selbsttäuschung gleich: Hier entledigt sich ein Lehrer der sublimen Kritik seiner Schüler, ohne dieser wirklich auf den Grund zu gehen. Eine ruhige Klasse ist oft noch keine zufriedene Klasse, sondern allenfalls eine ruhig gestellte. Wem aber ein ehrliches Feedback seiner Schüler wirklich wichtig ist, der muss auch solche unbeholfenen Gesten der Kritik und der Auflehnung entschlüsseln. Strafen aber versperren diesen Weg.

Strafen machen denkfaul

Zu Recht wird von Lehrern erwartet, dass sie reagieren, wenn eine Situation in der Klasse durch Lärm und Gewalt aus den Fugen gerät. Und die meisten Lehrer wissen, dass sie hier nicht wegschauen dürfen. Eigentlich wäre in solchen Situationen die Kreativität des Lehrers gefordert: Er hätte sich zu überlegen, welche Maßnahmen und Methoden hier angemessen wären. Und er müsste sich etwas einfallen lassen, um die Schüler zum Einlenken zu bewegen. Ein breites Repertoire offiziell zugelassener und stillschweigend tolerierter Strafen aber macht es ihm leicht, auf solche kreativen Verrenkungen zu verzichten. Er muss sich nichts Neues einfallen lassen, weil er gegebenenfalls immer auf eine passende Strafe zurückgreifen kann. Durch eine schnelle Strafe erledigt sich für ihn die Suche nach überraschenden, spannenden oder provokativen Lösungen.

Disziplinkonflikte friedlich lösen

Das Bild, das manche Medien von der Situation in unseren Klassenzimmern zeichnen, erinnert wohl eher an einen Kriegszustand: Hier werden Lehrer und Schüler als zwei feindliche Lager beschrieben, die über eigene Waffenarsenale verfügen. Beherrschen die Schüler alle nur möglichen Spielarten eines aggressiven Verhaltens, so steht den Lehrern ein ganzes Repertoire möglicher Sanktionsmaßnahmen zur Verfügung.
Dass ein solcher Frontverlauf zwangsläufig zu einer Eskalation des Konflikts führen muss, lässt sich leicht ausrechnen. Deshalb haben sich einige Lehrer dafür entschieden, aus dieser Spirale von Aggressionen und Sanktionen auszubrechen und den Schülern eine einseitige Abrüstung anzubieten:
Sie bekennen sich dazu, grundsätzlich auf Strafen zu verzichten und Disziplinkonflikte künftig nur noch mit friedlichen Mitteln lösen zu wollen.
Sie können dabei nicht auf vorhandene Rezepte zurückgreifen, sondern müssen sich selbst etwas einfallen lassen. Dabei können ihnen die folgenden Eckwerte für einen friedlichen Umgang mit Disziplinkonflikten helfen:

Die Rahmenbedingungen verändern

Viele Disziplinkonflikte haben strukturelle Ursachen, und sie werden sich auf Dauer nur vermeiden lassen, wenn sich die Rahmenbedingungen schulischen Lernens verändern. Das gilt für die Raumsituation ebenso wie für die Vorgaben des Stundenplans. So multiplizieren viele Klassenzimmer den Lärm, der durch die Schüler verursacht wird. Es gibt aber keinen Anlass, die akustischen Verhältnisse in Klassenzimmern als unabwendbares Schicksal hinzunehmen. Stattdessen können die Wände abgedämmt und der Boden mit schallschluckenden Materialien ausgelegt werden. Ähnliches gilt für die Organisation des Stundenplans: Auch hier kann durch einen geschickten

Wechsel von eher arbeitsintensiven und eher entspannenden Fächern manchem Disziplinkonflikt vorgebeugt werden. Übrigens nehmen Schüler solche objektiven Belastungsfaktoren oft sehr viel sensibler wahr als ihre Lehrkräfte.

Nach internen Lösungen suchen

Für den Umgang mit Disziplinkonflikten sollte gelten: Eine Lösung innerhalb der Klasse ist immer die bessere Lösung. Die Eltern, die Schulleitung oder den Disziplinarausschuss einzubeziehen, bedeutet auch: das Heft des Handelns aus der Hand zu geben. Die eigentlichen Akteure können den Konfliktverlauf dann nicht mehr steuern, sie sind auf die Reaktionen Dritter angewiesen. Viele Konflikte lassen sich aber auch zwischen einzelnen Schülern und dem betroffenen Lehrer regeln – ohne dass die ganze Klasse daran teilhaben muss. So können sie einen Konflikt brieflich oder telefonisch regeln und schon so zu einer Deeskalation beitragen.

Unterrichtssituation gemeinsam beobachten

Jede erzieherische Bemühung muss scheitern, wenn eine Störung nicht von beiden Seiten als eine solche wahrgenommen wird. Solange einem Schüler gar nicht bewusst ist, dass er mit seinem Verhalten die Situation im Klassenzimmer belastet, kann er auf eine Ermahnung oder gar auf eine Strafe nur mit Ablehnung reagieren. Deshalb müssen die Schüler für solche Störungen erst einmal sensibilisiert werden: Sie müssen lernen, den Unterrichtsverlauf genau zu beobachten und mögliche Konfliktindikatoren zu registrieren.
So kann es ihnen helfen, wenn sie den Verlauf der Lärmentwicklung im Klassenzimmer verfolgen oder ihre eigene Konzentration während des Unterrichts überprüfen. Solche Einsichten können ihnen das Gefühl vermit-

teln, dass sich wirklich etwas ändern muss und dass auch sie einen Beitrag dazu leisten können. Wer das eigene Fehlverhalten entsprechend sensibel wahrnimmt, bedarf keiner moralischen Indoktrination und keiner Appelle an sein Ehrgefühl. Er weiß dann auch so Bescheid.

Den Schülern eine aktive Rolle zutrauen

Der Umgang mit Disziplinkonflikten fällt in die Zuständigkeit des Lehrers – so jedenfalls will es die allgemeine Praxis. Den Schülern wird gar nicht erst zugetraut, sich hier ideenreich und kompetent einzubringen. Als alleiniger Beobachter, Organisator und Vollstrecker des Unterrichts aber ist jeder Lehrer überfordert. Deshalb muss er einen Teil seiner Vollmachten auf die Schüler übertragen. So kann jeweils ein Schüler in der Rolle des Stundenwächters das Unterrichtsgeschehen beobachten, ein Feedback organisieren oder einzelne Lerneinheiten in eigener Verantwortung übernehmen. Oft spiegelt sich in Unterrichtsstörungen nur der Wunsch nach einer aktiveren Rolle innerhalb des Unterrichts. Wenn Schüler in das Unterrichtsgeschehen einbezogen werden, signalisiert ihnen das, dass auch sie für das Gelingen einer Unterrichtsstunde verantwortlich sind.

Erziehung immer als Beziehung begreifen

Disziplinkonflikte tun auch deshalb so weh, weil sie immer als ein Angriff auf die eigene Person verstanden werden. Und für die gängige Strafpraxis gilt dasselbe: Auch hier fühlt sich der Schüler als Person abgewertet. Das Vertrauensverhältnis zwischen Lehrer und Schüler ist in beiden Fällen gestört. Deshalb muss jeder Disziplinkonflikt auf zwei Ebenen aufgearbeitet werden: Einmal geht es dabei um den unmittelbaren Anlass, also das ganz konkrete Fehlverhalten des Schülers. Zum anderen muss aber auch geklärt werden, inwieweit dadurch die Beziehung zwischen den Beteiligten belastet ist. Deshalb muss über ein gegenseitiges Feedback immer wieder abgefragt werden, wie beide Seiten ihr aktuelles Verhältnis beschreiben. Wer auf das Mittel der Strafe verzichtet, kann hier einer möglichen Verhärtung vorbeugen: Der Schüler muss sich nicht den Entscheidungen des Lehrers ausgeliefert fühlen. Er darf an der Konfliktlösung mitarbeiten – und das auf einer Augenhöhe mit dem Lehrer. Da können durchaus einmal deutliche Worte gesprochen werden. Das gegenseitige Vertrauensverhältnis wird deswegen nicht beschädigt.

Niemanden in die Verliererrolle drängen

Dieselben Richtlinien, die bei Konflikten zwischen Schülern gelten, sollten auch für den Umgang mit Disziplinkonflikten gelten:
Hier wie dort geht es darum, dass sich keiner als Verlierer fühlen muss. Stattdessen müssen Lösungen gesucht werden, von denen beide Seiten profitieren können. Das funktioniert nur dann, wenn der Lehrer immer auch dazu bereit ist, sein eigenes Verhalten in Frage zu stellen.
Das entschuldigt oder rechtfertigt nicht, dass ein Schüler gegen geltende Regeln verstoßen und das Klima im Klassenzimmer belastet hat. Denn beides lässt sich nicht gegeneinander aufrechnen. Aber es entlastet den Schüler von der entwürdigenden Rolle des armen Sünders, auf den alle Vorwürfe und Beschuldigungen einprasseln. Eine klassische Win-Win-Situation wird sich deshalb nicht in jedem Fall herstellen lassen.
Aber der Schüler muss zumindest das Gefühl haben: Meine Stimme zählt – auch dann oder gerade dann, wenn ich etwas ausgefressen habe.

Auf langfristige Lösungen hinarbeiten

Jede Strafe setzt auf den Kurzzeiteffekt: Noch ehe sich die Schüler einer Situation wirklich bewusst sind, ist diese bereits entschieden. Eine Konfliktlösung ohne Strafe kann nicht auf solche Überraschungsmomente setzen. Aber sie kann das Gedächtnis der Schüler fordern: Störungen, die schon länger zurückliegen, werden wieder bewusst gemacht und in einen größeren zeitlichen Zusammenhang integriert. Manches längst vergessene Fehlverhalten ist da wieder präsent, mancher vermeintlich bereinigte Konflikt meldet sich da zurück. Für Lehrer wie Schüler bedeutet das, in einem durchaus konstruktiven Sinne nachtragend zu sein: Man bekennt sich zu den bestehenden Spannungen und erlebt die Aufarbeitung von Konflikten als einen dauerhaften Prozess. Hier erleben die Schüler, was Lernen wirklich bedeutet: Sich über einen längeren Zeitraum hinweg weiterzuentwickeln und dauerhaft an sich selbst zu arbeiten.

Sich selbst als Vorbild ernst nehmen

Nicht alle pädagogischen Binsenweisheiten taugen etwas. Dass sich aber die Schüler zunächst und vor allem am Vorbild ihrer Lehrer orientieren – diese oft zitierte Erkenntnis gilt immer noch. Hier geht es schlicht und einfach um eine Frage der Glaubwürdigkeit: Nur wer mit seiner eigenen Person für ein bestimmtes Verhalten einsteht, kann dieses auch von anderen einfordern. Nur wer sich selber an die vereinbarten Fristen und Termine hält, kann dieses auch von den Schülern erwarten. Nur wer sich selbst in Wortwahl und Diktion zurückhält, kann dazu auch seine Schüler verpflichten. Weil sich niemand dieser Vorbildfunktion entziehen kann, muss das eigene Verhalten immer wieder neu reflektiert werden. Und dabei können auch die Schüler helfen: Sie signalisieren ihren Lehrern, wie glaubwürdig diese für sich eine

Vorbildfunktion beanspruchen. Und sie beobachten die Verhaltensweisen der Lehrer genauso sensibel, wie das auch umgekehrt der Fall ist. Aus dieser wechselseitigen Wahrnehmung kann sich ein Verhaltensdiskurs entwickeln, der einer nur mechanischen Strafpraxis in jedem Fall überlegen ist.[8]

Risiken und Nebenwirkungen

30 Tipps und Strategien, wie die Schüler zu einem besseren Klima im Klassenzimmer beitragen können – das klingt auf den ersten Blick verführerisch. Und doch darf das folgende Angebot an Methoden, Projekten und Ritualen nicht als pädagogische Trickkiste missverstanden werden. Hier geht es nicht um Rezepte, die sich in jeder beliebigen Situation einsetzen lassen.
Denn solche Rezepte gibt es nicht! Viel wichtiger ist der pädagogische Kontext, auf den solche Strategien zugeschnitten sind: Die einzelnen Vorschläge greifen nur dann, wenn zwischen Schülern und Lehrern so etwas wie ein Vertrauensverhältnis besteht. Beide Seiten müssen davon überzeugt sein, nicht über den Tisch gezogen zu werden. Beide Seiten müssen darauf vertrauen können, dass hier mit offenen Karten gespielt wird.
Ein solches Vertrauensverhältnis kann sich nur dann entwickeln, wenn beide Seiten ernsthaft daran arbeiten. Für die Lehrer bedeutet das, dass sie ihren Schülern einen Vertrauensvorschuss einräumen und ihnen so erst einmal eine Chance geben.
Noch heute wird manchen jungen Lehrern die alte Pädagogenregel mit auf den Weg gegeben: *„Erst einmal die Zügel anziehen – und dann allmählich loslassen!“* Unter solchen Vorzeichen kann man aber kein Vertrauen aufbauen. Viel hilfreicher wäre es da, den Schülern von vorneherein Zugeständnisse

---

[8] *Vgl. Bernhard Sieland: Lachen können und eine Seele lieben. Lehrer als Vorbilder. In: Gerold Becker et al.: Disziplin. Friedrich-Jahresheft 2002, S. 50 ff.*

zu machen, diese aber regelmäßig zu überprüfen. Solche Korrekturen können zwar schmerzlich sein, sind für die Schüler aber eher nachvollziehbar als jede einsame Entscheidung des Lehrers.
So kann den Schülern z.B. am ersten Schultag das Kaugummikauen im Unterricht erlaubt werden. Wenn dieses Zugeständnis dann aber missbraucht wird, wenn unter den Tischen Kaugummireste kleben und sich Kaugummifäden in den Haaren der Mädchen verkleben – dann müssen Schüler und Lehrer gemeinsam über eine Änderung dieser Bestimmung nachdenken.
Ohne solche vertrauensbildenden Maßnahmen aber werden sich Lehrer und Schüler in taktischen Manövern aufreiben.
Entscheidend für einen vertrauensvollen Umgang mit den Schülern ist aber auch das Selbstverständnis des Lehrers. Wer den Schülern als gnadenloser Vollstrecker des Schulrechts oder als pädagogischer „Außendienstmitarbeiter der Kultusbürokratie“ gegenübertritt, wird von ihnen kein Vertrauen zu erwarten haben. Wer sich aber als Coach der Schüler begreift, der kann mit viel Offenheit rechnen. Wie ein Verbandstrainer oder auch ein Fahrlehrer ist der pädagogische Coach einem ganz bestimmten Ziel verpflichtet: Er will, dass seine Schüler etwas lernen – und das fern von Angst und Langeweile.
Er ist Verbündeter der Schüler, wenn es darum geht, selbstgesteckte Ziele zu erreichen und die eigenen Krisen und Einbrüche aufzuarbeiten. Er kann ihnen so täglich beweisen, dass er letztlich auf ihrer Seite steht – und wird deshalb bald auch die Schüler zu seinen Verbündeten zählen können.
Wo solches Vertrauen wächst, da ist auch Raum für Kritik und Selbstkritik, da muss die Verantwortung für das Gelingen von Schule und Unterricht nicht länger hin- und hergeschoben werden. Und da sind für die folgenden Tipps und Strategien keine Risiken und Nebenwirkungen zu befürchten.

1. Kapitel

Methoden

Lange Zeit galt die deutsche Schule als ein **Methodenfriedhof**. Unbeeindruckt von allen reformpädagogischen Traditionen und Vorbildern wurden die Schüler hier mit einfallslosen Arbeitsformen gequält, galt das methodische Dreieck aus Schulbuch, Heft und Tafel als unangreifbare Doktrin.

Inzwischen aber haben alle Schularten und Fächer methodisch nachgerüstet: In vielen Grundschulen folgt der Unterricht den Prinzipien von **Wochenplan** und **Freiarbeit** und auch an den weiterführenden Schulen gehören **Lernzirkel** oder **eigenverantwortliche Arbeitseinheiten** längst zum pädagogischen Alltag. Jenseits der vertrauten Fachgrenzen aber scheinen unsere Schulen von der methodischen Einfallslosigkeit vergangener Zeiten eingeholt zu werden. Wenn es z.B. darum geht, einen aktuellen Disziplinkonflikt aufzuarbeiten, bleibt oft nur das **Klassengespräch** – auch dann, wenn sich daran nur eine Minderheit der Schüler beteiligt.

Gerade in Konfliktsituationen darf das Klassengespräch nicht die einzige Alternative bleiben. Auch hier haben die Schüler Anspruch auf passgenaue und abwechslungsreiche Methoden. **Anders als Projekte oder Rituale lassen sich solche Methoden spontan einsetzen.** So bedarf es keiner großen Vorbereitungen, um die Schüler mit einem *elektronischen Spotlight* an den Verlauf einer missglückten Schulstunde zu erinnern und dazu von ihnen ein Meinungsbild einzufordern. Die hier vorgestellten Methoden sind ohne jeden organisatorischen Aufwand in den Schulalltag zu integrieren. So nutzen manche Lehrkräfte die sonst eher lustlos absolvierten Vertretungsstunden für den *Heißen Stuhl* – eine Feedback-Methode innerhalb des Klassenverbandes (s. S. 44–48).

Der Zeitaufwand der einzelnen Methoden ist überschaubar: Die meisten lassen sich innerhalb einer Schulstunde durchführen und bedeuten keine Festlegung für einen längeren Zeitraum. Das *Bullshit-Bingo* z.B. lässt sich parallel zum Fachunterricht durchführen – und bringt doch so manche interessante Erkenntnisse ans Licht (s. S. 37–39).

Einzelne Methoden werden wohl kaum dazu beitragen, einen Disziplinkonflikt grundlegend zu lösen. Aber sie helfen, bislang verdrängte Spannungen aufzuspüren, und sie können zum Auslöser für aufwändigere Projekte oder dauerhaft angelegte Rituale werden.

1. DIE AGENTEN

Die Unruhe im Klassenzimmer ist in erster Linie eine Frage der Wahrnehmung: Manchen Schülern fällt die Lautstärke im Unterricht kaum auf, während anderen schon nach wenigen Minuten der Schädel brummt. Es gibt Klassen, die sich selbst ein durchaus angenehmes Arbeitsklima bescheinigen, während ihre Lehrer den Unterricht heiser und abgekämpft verlassen.
Schon mancher Schüler hat während des Unterrichts die Toilette aufgesucht und bei der Rückkehr ins Klassenzimmer feststellen müssen: *„Man hört euch im ganzen Treppenhaus."* Einige Lehrkräfte nutzen diesen Effekt der Außenwahrnehmung und lassen während ihrer Unterrichtsstunden einen Kassettenrekorder mitlaufen. Das Ergebnis ist in der Regel sehr beeindruckend, weil hier der Vortrag des Lehrers oder die Beiträge der Schüler oft von dem allgemeinen Lärmpegel verschluckt werden.
Die Schüler sind also auf eine Instanz angewiesen, die ihr Verhalten während des Unterrichts beobachtet und sie mit diesen Beobachtungen konfrontiert. Der unterrichtende Lehrer kommt als eine solche Instanz nicht in Frage: Er ist so stark mit der Organisation seines Unterrichts beschäftigt, dass für eine sensible Wahrnehmung des Mikroklimas kaum Raum bleibt.
Die Schüler aber können durchaus zu *Agenten* werden, die im Schutz der Anonymität das Verhalten ihrer Mitschüler beobachten und diese Beobachtungen schriftlich festhalten.

SO GEHT'S

Die Namen aller Schüler werden auf Kärtchen geschrieben, und diese werden gemischt. Jeder Schüler zieht den Namen eines Mitschülers und wird damit dessen *Agent*. Anhand eines Beurteilungsbogens registriert er alles, was ihm zur Arbeitshaltung, zur Unterrichtsdisziplin und zum Sozialverhalten des ausgelosten Mitschülers auffällt. Der Beobachtungsbogen ist dabei eine große Hilfe, weil er sich ohne großen Aufwand ausfüllen lässt und weil hier ganz unterschiedliche Aspekte aufgegriffen werden. Nach dem Ende der Stunde geben sich die Agenten zu erkennen und händigen den „Opfern" ihres Scharfblicks die ausgefüllten Bögen aus.

REAKTIONEN UND RISIKEN

Diese Methode birgt auch manches Risiko in sich, weil die Schüler schon während des Unterrichts aufdecken wollen, wer hier wen beschattet. Das kann zu einer erheblichen Unruhe im Klassenzimmer führen. Außerdem kann die Methode eine problematische Eigendynamik entwickeln, wenn die Beobachtungsbögen in falsche Hände geraten. Sie sind aber immer nur zur Information der betroffenen Schüler bestimmt – und nicht zur Denunziation Einzelner bei Lehrern oder Eltern.

Damit die Wirkung dieser Methode nicht verpufft, kommt es auf eine qualifizierte Auswertung an: Dazu könnten der *Agent* und sein „Opfer" z.B. dazu verpflichtet werden, am Nachmittag miteinander zu telefonieren und sich über die Ergebnisse dieser Beschattungsaktion auszutauschen bzw. nach möglichen Verhaltensalternativen zu suchen. Denkbar wäre auch, dass sich der beobachtete Schüler seinem *Agenten* gegenüber in einem Brief äußert. Ganz im Sinne einer nachhaltigen Verhaltensänderung wäre es, wenn die „Beschattung" im Abstand einiger Wochen wiederholt würde. Dann könnte sich nämlich zeigen, was sich in der Zwischenzeit alles getan und wie engagiert der beobachtete Schüler an einer Veränderung eingeschliffener Verhaltensweisen gearbeitet hat.

007 im Klassenzimmer

Was Judith an Moritz aufgefallen ist:

Lieber Moritz,

ich habe dich heute während des Unterrichts in *Mathematik* **beobachtet – so wie das mein Auftrag war. Dabei sind mir Verhaltensweisen aufgefallen, die du schon an dir kennst – aber auch solche, die auch für dich vielleicht ganz neu sind:**

- **Die für diese Stunde benötigten Arbeitsmaterialien** *hast du zwar alle dabei gehabt. Aber es hat fast zehn Minuten gedauert, bis du sie endlich ausgepackt hattest.*

- **Deine Körperhaltung in dieser Stunde** *war sehr entspannt – ich würde fast sagen: zu entspannt. So ist mir aufgefallen, dass du auf deinem Stuhl eher liegst als sitzt.*

- **Deine Konzentration** *war wohl nicht sehr groß. Jedenfalls hast du deinen Blick immer wieder von der Tafel abgewandt und dich mit anderen Dingen beschäftigt – so mit Nikos Gipsbein oder mit dem Schneetreiben vor dem Fenster.*

- **Deine Nebenbeschäftigung während der Stunde** *war, die Tischplatte zu bekritzeln – dazu später mehr.*

- **Die Unterhaltungen mit deinem Banknachbarn** *blieben auf einige wenige Kommentare beschränkt. Man hat den Eindruck, ihr beiden seid sehr miteinander vertraut – und müsst deshalb nicht ständig miteinander schwätzen.*

- **Dein Interesse am Unterrichtsgeschehen** *war wohl nicht sehr groß. Sonst hättest du dich wenigstens einmal gemeldet – denn die gestellten Fragen waren heute wirklich zu beantworten.*

- **Ein ganz anderes Verhalten hast du gezeigt, als** *wir die Aufgabe zur zentrischen Streckung zusammen mit unseren Banknachbarn lösen sollten. Hier warst du plötzlich viel aktiver, und sogar deine Körperhaltung hat sich merklich verändert.*

- **Besonders geärgert hat mich, dass** *du ständig die Tischplatte bekritzelt hast – wenn auch vielleicht ganz unbewusst.*

- **Besonders gefreut hat mich, dass** *du nicht mitgelacht hast, als sich der Lehrer über Sabeths Rechenversuche lustig gemacht hat. Das fand ich von dir sehr kameradschaftlich.*

Ein Wort zum Schluss: *Ich fand es weniger gut, dass du dir diese Mathestunde zum Relaxen ausgesucht hast. Dafür ist ein Nebenfach einfach besser geeignet.*

Deine Judith
(Agent/in)

2. BLAUE KARTEN

Mit innovativen Lernmethoden und mit einem anderen Verständnis des Unterrichts haben sich die Rollen von Schülern und Lehrern verschoben: Für das Klima im Klassenzimmer fühlen sich idealerweise inzwischen beide verantwortlich. So haben die Schüler gelernt, dass eine **angenehme Lernatmosphäre** nicht nur von der Durchsetzungsfähigkeit des Lehrers abhängt. Auch sie müssen ihren Beitrag leisten, um auf mögliche Störungen aufmerksam zu machen und um **geeignete Gegenstrategien** zu entwickeln. Dabei sollte in jedem Klassenzimmer ein Prinzip gelten, das von der Themenzentrierten Interaktion (TZI) in die Pädagogik eingeführt wurde: Jede Störung des Unterrichts ist so wichtig, dass sie vorrangig behandelt werden muss. Dann zählt der Lärm, unter dem gerade die stilleren Schüler zu leiden haben, mehr als der Generationswechsel der Farne oder die französischen Pronominaladverbien. Natürlich kostet es Zeit, sich solche Störungen bewusst zu machen und gemeinsam nach möglichen Abhilfen zu suchen. Aber diese Zeit ist nicht verloren. Noch viel größer ist der Zeitverlust nämlich, wenn solche Beeinträchtigungen das Lernklima dauerhaft belasten und die Aufmerksamkeit der Schüler über einen längeren Zeitraum blockieren.

SO GEHT'S

Jeder Schüler erhält zu Beginn des Schuljahres eine *blaue Karte*. Die Karten werden aus Fotokarton zurechtgeschnitten und anschließend laminiert. Die Schüler sind verpflichtet, ihre blauen Karten täglich mitzubringen – genauso wie ihr Vokabelheft oder ihr Geodreieck. Immer wenn ein Schüler das Gefühl hat, die Unruhe im Klassenzimmer habe den tolerierbaren Grenzwert überschritten, zeigt er dem Lehrer die *blaue Karte*. Machen sich fünf Schüler oder mehr mit einer solchen blauen Karte bemerkbar, muss der Unterricht unter-

brochen werden. Wer dem Lehrer seine *blaue Karte* gezeigt hat, muss dann seine Eindrücke von der aktuellen Situation im Klassenzimmer schildern. Auf kluge Ratschläge an den Lehrer oder auf schnelle Rezepte kann dabei gut und gerne verzichtet werden. Die Aufgabe des Lehrers ist es zunächst, sich die Rückmeldungen der Schüler aufmerksam anzuhören. Dann kann er Vorschläge machen, wie sich die beobachteten Störungen beheben lassen, und dazu die Zustimmung der Klasse einholen. Solche Vorschläge machen aber nur dann Sinn, wenn sie bis zu einem genau festgelegten Zeitpunkt auf ihre Praxistauglichkeit hin evaluiert werden.

RISIKEN UND REAKTIONEN

Zunächst werden die Schüler in dieser Methode eine Möglichkeit sehen, der Langeweile des Fachunterrichts wenigstens für ein paar Minuten zu entfliehen. Und sie werden den Lehrern ihre *blauen Karten* auch dann präsentieren, wenn keine wirkliche Störung vorliegt. Deshalb sollte diese Methode nur dort eingeführt werden, wo zwischen Lehrern und Schülern so etwas wie ein Vertrauensverhältnis besteht.

Außerdem darf sich der Lehrer hier nicht in die Rolle des pädagogischen Dienstleisters hineindrängen lassen. Es ist nämlich wesentlich leichter, kurz einmal die blaue Karte zu zücken als mit einem praktikablen Lösungsvorschlag aufzuwarten. Deshalb müssen die Schüler an der Behebung der einzelnen Störungen aktiv beteiligt werden.

Auch die *blauen Karten* sind nicht mehr als ein Hilfsmittel. Deshalb gilt auch hier: Wichtiger als jede neue Methode ist eine veränderte Haltung – bei den Schülern ebenso wie bei den Lehrern.

Fünfmal Blau

Ein Alarmsignal – und seine Folgen

Frau Küfner: Hier müssen wir einen Zwischenstopp einlegen. Ich sehe gerade, dass mir fünf von euch die blaue Karte zeigen. Ihr seid also der Meinung, dass die Unruhe im Klassenzimmer einfach zu groß ist und dass ihr deswegen nicht mehr viel mitbekommt. Fabiana, du hast mir die blaue Karte gezeigt …

Fabiana: Ich bin im kaufmännischen Rechnen ohnehin nicht gut. Und mit dem Zinssatz stehe ich sowieso auf dem Kriegsfuß. Bei dieser Lautstärke kann ich mich einfach nicht konzentrieren.

Constantin: Mich nervt es, dass ich Ihre Erklärungen kaum noch verstehe.

Marco: Immer wenn sie sich zur Tafel umdrehen, steigt der Geräuschpegel blitzartig an. Hinter Ihrem Rücken geht hier jedes Mal der Punk ab.

Karina: Und dann haben einige auch noch entdeckt, dass man auf den Heizkörpern trommeln kann – wie auf einem Schlagzeug.

Jana: Ich will ja keine Namen nennen … Aber wenn hier auch noch zwei von uns ihren Walkman aufziehen – das geht irgendwie zu weit.

Frau Küfner: Das scheinen die anderen auch so zu sehen. Damit sind wir gemeinsam in der Pflicht: Ich muss etwas ändern und ihr müsst mich dabei unterstützen.

Jasmin: Ich denke, das hängt alles mit der Klassenarbeit in Englisch zusammen. Wir haben bis zum Gongschlag geschrieben – einige sogar noch länger. Und dann gleich die nächste Stunde – das hält doch kein Schwein aus.

Frau Küfner: Vielleicht hätte ich euch besser eine kleine Pause gegönnt. Manche von euch sind richtig ausgelaugt. Da macht kaufmännisches Rechnen nicht mehr viel Sinn – und Spaß macht es dann sowieso nicht.

Daniel: Vielleicht sollten Sie uns bei der nächsten Klassenarbeit eine Pause von zehn Minuten einräumen. Dann ist die Konzentration bestimmt gleich viel besser.

Frau Küfner: Damit kann ich leben. Und du, Karina, sagst mir als Klassensprecherin jedes Mal rechtzeitig Bescheid. Und dann noch etwas ... Ich werde euch die Aufgaben in Zukunft nicht mehr an der Tafel vorrechnen, sondern auf dem Tageslichtprojektor. Dann habe ich euch einfach viel besser im Auge.

Erik: Gute Idee.

Frau Küfner: Aber in einem Punkt lasse ich grundsätzlich nicht mit mir verhandeln: Ich möchte niemanden von euch mehr mit einem Walkman sehen, jedenfalls nicht in meiner Stunde.

Olga: Wahrscheinlich läuft das so wie immer: Wir nehmen uns vor, etwas in der Klasse zu ändern, und nach ein paar Tagen sind die guten Vorsätze wieder vergessen.

Frau Küfner: *(blättert in ihrem Kalender)* Damit uns der alte Schlendrian nicht einholt, sprechen wir uns in 14 Tagen wieder. Dann werden wir ja sehen, was aus unserer Vereinbarung geworden ist.

Jana: Und jetzt?

Frau Küfner: Jetzt haben wir diese Störung hoffentlich aufgearbeitet. Wir haben gerade noch 15 Minuten für den Zinssatz.

3. BULLSHIT-BINGO

Tim hat darüber in einer Jugendzeitschrift gelesen. Sophia hat dazu einen Bericht im *Weltspiegel* gesehen. Und Lena versucht gerade, ihren Hund für ein ähnliches Experiment zu gewinnen. Viele Schüler wissen, was es mit dem *Bullshit-Bingo* auf sich hat: Dieses eher ländliche Vergnügen ist im Südwesten der USA zu Hause. Hier wird eine Weidefläche mit einem Gitter von Planquadraten überzogen. Die Teilnehmer setzen auf ein bestimmtes Quadrat. Und sie haben gewonnen, wenn sich eine Kuh für ihren frischen Fladen eben dieses Quadrat aussucht. Auch in deutschen Klassenzimmern hat dieses Spiel inzwischen Einzug gehalten – und das in durchaus aufklärerischer Absicht.

SO GEHT'S

Die Klasse beschriftet gemeinsam ein Feld mit zwanzig Planquadraten: In jedem Quadrat wird eine Verhaltensweise, eine Geste oder ein Ausspruch des Lehrers notiert, mit denen er versucht, ein erträgliches Arbeitsklima zu schaffen und die Klasse zur Ordnung zu rufen. Auch unruhige Schüler sind

verlässliche Beobachter ihrer Lehrer. Es wird ihnen deshalb nicht schwer fallen, solche immer wiederkehrenden Appelle, Gesichtsverrenkungen oder Handbewegungen festzuhalten.
Dann wird die Reihenfolge ausgelost, in der die Schüler ihren Lehrer bei seinem Parcours durch die Disziplinfallen einer Unterrichtsstunde begleiten. Immer wenn er sich einer bestimmten Redensart oder einer bestimmten Geste bedient, wird das entsprechende Kästchen mit einem Kreuz markiert. Fügen sich drei benachbarte Kreuze zu einer Reihe, wird dies mit einem deutlichen *„Bingo!"* honoriert. Dabei sind solche Reihen in der Horizontalen, in der Vertikalen oder in der Diagonalen möglich.

RISIKEN UND REAKTIONEN

Das Bemühen um mehr Disziplin im Klassenzimmer ist eine ernste Angelegenheit.
Gerade deshalb sollte der Spaß nicht ganz auf der Strecke bleiben. Noch wichtiger ist beim *Bullshit-Bingo* allerdings die Bereitschaft des Lehrers, zu sich selbst auf Distanz zu gehen und den Werkzeugkasten eingeschliffener Reaktionsmuster zu entrümpeln.
Das Ergebnis einer solchen Spielserie könnte sein, dass sich der Lehrer vieler wirkungsloser Disziplinierungsgesten entledigt und stattdessen mit den Schülern feste Rituale vereinbart. An deren Verbindlichkeit sollte es keine Zweifel geben – und hier verpufft die Wirkung auch nicht in vielen Wiederholungen.

Bullshit-Bingo

Sie unterbrechen Ihren Satz und warten, bis es endlich ruhig ist.	Sie legen den Zeigefinger auf Ihre geschlossenen Lippen.	Sie appellieren an die Klasse, doch endlich ruhig zu werden.	Sie verdrehen die Augen und richten Ihren Blick zur Decke.
Sie versuchen, mit einem lauten „So!“ die Aufmerksamkeit auf sich zu lenken.	Sie heben die Hände, um die aufgedrehten Schüler zu besänftigen.	Sie fordern uns auf, Ihnen endlich einmal zuzuhören.	Sie verlassen Ihren Lieblingsplatz und begeben sich in eine besonders unruhige Ecke.
Sie falten die Hände – wie zum Gebet.	Sie fordern einen Mitschüler auf, seine Nebenbeschäftigung einzustellen.	Sie werden mit der Stimme lauter, um die Nebengeräusche zu übertönen.	Sie werfen einem Schüler einen strafenden Blick zu.
Sie klatschen in die Hände, um für Ruhe zu sorgen.	Sie brüllen kurz und vernehmlich: „Ruhe!“	Sie ziehen die Augenbrauen hoch.	Sie schlagen mit dem Schulbuch lautstark auf das Pult.
Sie wenden sich von der Tafel ab und schauen zur Klasse hin.	Sie räuspern sich so laut, dass es alle mitbekommen.	Sie rufen einen Mitschüler lautstark zur Ordnung.	Sie lassen einen Fluch los, um die Klasse ruhig zu stellen.

4. FEEDBACK-FLIESSBAND

Das Fließband gilt nicht eben als Symbol einer humanen Arbeitswelt. Spätestens seit Charlie Chaplins „Modern Times“ assoziiert man damit Monotonie und Entfremdung. Dass inzwischen auch Fernsehsendungen, ja ganze Karrieren vom Band kommen, macht diese Errungenschaft des Industriezeitalters nicht viel sympathischer. Im Klassenzimmer aber lässt sich das Fließband in den Dienst einer guten Sache stellen: Hier hilft es den Schülern nämlich, sich kritisch mit dem eigenen Verhalten und mit den Reaktionen ihrer Lehrer auseinanderzusetzen.

SO GEHT'S

Die Tische werden zu einem Viereck zusammengestellt. Jeder Schüler erhält eine Karteikarte, auf der nach den aktuellen „Verhaltensproblemen“ der Klasse gefragt wird. Das könnten sein:

- **die Lautstärke im Unterricht,**
- **die Problematik des Zuspätkommens,**
- **die großen und kleinen Gewalttätigkeiten im Schulalltag,**
- **die Frage nach der Bewertung bestimmter organisatorischer Abläufe im Unterricht** *(„Welche Note hätte der Tafeldienst verdient?“)*,
- **die Frage nach einem einzelnen Phänomen** *(„Welche Regel unserer Klassenverfassung wird am häufigsten übertreten?)* **oder**
- **die Frage nach einer konkreten Situation** *(„In welcher Situation hätte ich einschreiten sollen, als sich Schüler deiner Klasse falsch verhalten haben?“)*.

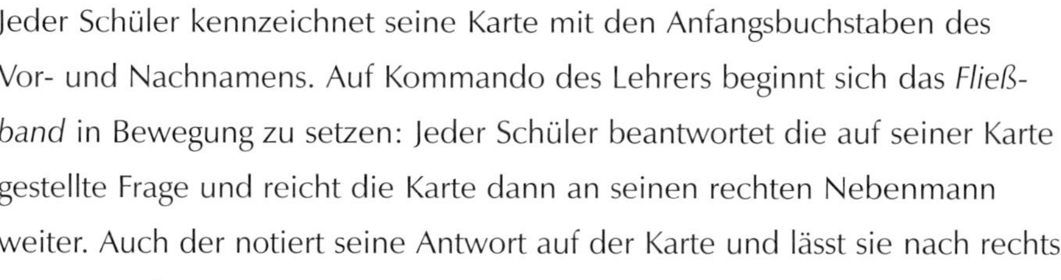

Jeder Schüler kennzeichnet seine Karte mit den Anfangsbuchstaben des Vor- und Nachnamens. Auf Kommando des Lehrers beginnt sich das *Fließband* in Bewegung zu setzen: Jeder Schüler beantwortet die auf seiner Karte gestellte Frage und reicht die Karte dann an seinen rechten Nebenmann weiter. Auch der notiert seine Antwort auf der Karte und lässt sie nach rechts weiterwandern.
So kommt das Fließband in Fahrt – und es wird erst angehalten, wenn die ausgefüllten Karten wieder zu ihrem Ausgangspunkt zurückgekehrt sind. Jetzt ist es Sache der Schüler, die auf ihrer Karte zusammengetragenen Antworten auszuwerten. Der Lehrer ruft die Schüler in bunter Reihenfolge auf, und diese fassen die Antworten kurz zusammen. Nachfragen sind erlaubt und erwünscht, aber jede ausführlichere Diskussion würde den Rahmen eines solchen Fließbands sprengen.

Anschließend werden die einzelnen Karteikarten mit Klebeband an der Tafel befestigt. Dann erhält jeder Schüler drei Markierungspunkte. Diese klebt er auf die Karten, deren Ergebnis ihn am meisten überrascht hat. So wird für alle sichtbar, wo es besonderen Gesprächsbedarf gibt und an welchen Problemen in erster Linie gearbeitet werden sollte.

RISIKEN UND REAKTIONEN

Das *Feedback-Fließband* allein löst noch kein Disziplinproblem. Aber es verlangt von den Schülern, sich mit den besonderen Verhaltensproblemen ihrer Klasse auseinanderzusetzen und ihre besonderen Stärken und Schwächen auszuloten. Deshalb bietet es sich an, diese Methode wenigstens zweimal im Schuljahr durchzuführen. Denn in der Regel bewegt sich in einer Klasse mehr, als die Schüler sich einzugestehen bereit sind.

Treibstoff für das Feedback-Fließband

25 Fragen zur Disziplin in der Klasse

Wie hat sich der Geräuschpegel in meinem Unterricht seit Beginn des Schuljahres verändert?

Welche Störung des Unterrichts nervt dich am meisten?

Wie viele Minuten einer ganz normalen Unterrichtsstunde benötige ich, um in eurer Klasse für Ruhe zu sorgen?

In welcher meiner Stunden ist die Lautstärke im Klassenzimmer besonders nervend?

In welcher meiner Stunden herrscht ein ausgesprochen angenehmes Arbeitsklima?

Welche Methode heizt die Unruhe im Unterricht erst so richtig an?

Welche Methode führt dazu, dass es im Unterricht einigermaßen ruhig bleibt?

In welchen Fächern geht es deutlich disziplinierter zu als bei uns?

Was schätzt du: Wie groß ist der Schaden durch Sachbeschädigungen in unserer Klasse seit Beginn des Schuljahres (in Euro)?

Wie viele Tage würdest du es zu Hause aushalten, wenn deine Wohnung im gleichen Zustand wäre wie unser Klassenzimmer?

Welche Noten hätten die Tafel- und die Ordnungsdienste in unserer Klasse verdient?

Wenn man alle Zeiten addieren würde, die ihr seit Beginn des Schuljahres zu spät gekommen seid – auf wie viele Stunden würde man dann kommen?

Wie viele Schüler kommen regelmäßig zu spät?

Was glaubst du: Wie viel Prozent deiner Mitschüler haben bei der letzten Klassenarbeit von ihren Banknachbarn abgeschrieben?

Welchen Spruch sollten sich deine Mitschüler ganz schnell abgewöhnen?

Welcher Klassenstufe entspricht das Verhalten deiner Mitschüler in den Pausen?

Welche andere Klasse im Schulgebäude kommt mit deutlich weniger Gewalt aus als unsere?

Welche Form der Gewalt regt dich in unserer Klasse am meisten auf?

Welche Regel unserer Klassenverfassung wird am häufigsten übertreten?

Welche Probleme anderer Klassen sind bei uns (noch) kein Thema?

Was glaubst du: Von welchem Konflikt in den letzten Monaten habe ich nichts mitbekommen?

Welche Angewohnheit sollte ich mir abgewöhnen, weil die Disziplin im Klassenzimmer davon auch nicht besser wird?

In welcher Situation hätte ich eingreifen sollen, als sich Schüler deiner Klasse falsch verhalten haben?

Welche Disziplinlosigkeit von mir nervt dich besonders?

An welchen meiner „Ausraster“ kannst du dich noch erinnern?

5. DER HEISSE STUHL

Wer sich auf dem *Heißen Stuhl* niederlässt, braucht keine Angst haben, sich den Hintern zu verbrennen. Er muss aber auch damit rechnen, dass ihn hier nicht nur wohlige Wärme umfängt.

Denn beim *Heißen Stuhl* handelt es sich um eine bewährte Feedback-Methode: Hier erfahren die Schüler, wie sie sich gegenseitig wahrnehmen. Wer sich auf den *Heißen Stuhl* setzt, bittet damit seine Mitschüler um eine Rückmeldung – sei es in Form von Lob oder Kritik. Damit keiner dabei „Verletzungen" davonträgt, wird von allen Beteiligten viel Disziplin verlangt: Beim *Heißen Stuhl* sollte nicht das ganze Register guter und schlechter Eigenschaften eines Einzelnen abgehakt werden. Vielmehr sollte es hier ausschließlich um die Frage gehen, inwieweit das Verhalten Einzelner das Arbeits- und Lernklima in der Klasse beeinflusst. Disziplin wird auch verlangt, wenn es um die Einhaltung bestimmter Spielregeln geht: Sie schützen vor unsachlicher Polemik oder öffentlicher Bloßstellung.

Der *Heiße Stuhl* darf keiner spontanen Laune folgen. Er muss rechtzeitig angekündigt und gut vorbereitet werden. Damit alle Gelegenheit haben, sich die Beobachtungen anderer anzuhören, und weil keine Rückmeldung abgewürgt werden sollte, müssen für den *Heißen Stuhl* zwei Schulstunden veranschlagt werden. Die Stühle werden zu einem Sitzkreis zusammengestellt. Aus dem Schülercafé oder dem Lehrerzimmer wird ein bequemer Sessel organisiert. Er wird für die Dauer dieses „Experiments" zum *Heißen Stuhl* . Für den *Heißen Stuhl* gilt das **Prinzip der Freiwilligkeit**: Niemand darf gegen seinen Willen gezwungen werden, sich der Kritik oder dem Lob seiner Mitschüler auszusetzen.

Der Lehrer zieht sich in die Rolle des **neutralen Schiedsrichters** zurück: Er muss darauf achten, dass alle Spielregeln befolgt werden. So sollte er darauf bestehen, dass jede Wahrnehmung als eine Ich-Botschaft formuliert wird. Und er muss darauf achten, dass es zu keinem Zwiegespräch zwischen den Kritisierten und ihren Kritikern kommt. Sich gegenseitig zuzuhören und sich nicht immer gleich rechtfertigen zu müssen – das ist für viele Schüler eine ebenso neue wie notwendige Erfahrung.

RISIKEN UND REAKTIONEN

Am Ende dieses Gruppenexperiments steht keine Vereinbarung, ja noch nicht einmal ein guter Vorsatz. Am Schluss bleibt den Schülern oft nicht viel mehr als eine gewisse Nachdenklichkeit und die Bereitschaft, das eigene Verhalten kritisch zu reflektieren. Für viele bedeutet das einen großen Schritt. Begegnen sie den Vorhaltungen ihrer Lehrer oft mit einer mechanischen Abwehrhaltung, so öffnen sie sich der Kritik ihrer Mitschüler ganz unvoreingenommen. Und jedes Lernen sollte mit einer solchen Unvoreingenommenheit beginnen.

Spielregeln für den Heißen Stuhl

§ 1

Hier erfährt jeder, was er zur Atmosphäre im Klassenzimmer beiträgt.

§ 2

Jedem ist freigestellt, auf dem Heißen Stuhl Platz zu nehmen. Niemand darf dazu gezwungen werden.

§ 3

Jeder kann eine Rückmeldung geben. Sie muss aber immer eine positive und eine negative Bemerkung enthalten.

§ 4

Wer auf dem *Heißen Stuhl* Platz genommen hat, kann darüber hinaus einzelne Mitschüler bitten, ihm ein Feedback zu geben.

§ 5

Jede Rückmeldung sollte als Ich-Botschaft formuliert sein.

§ 6

Die Rückmeldungen dürfen keine Beleidigungen oder unbewiesenen Behauptungen enthalten.

§ 7

Die einzelnen Beiträge werden zur Kenntnis genommen, aber nicht kommentiert.

§ 8

Der Kritisierte darf lediglich nachfragen, wenn er etwas nicht verstanden hat.

§ 9

Diese Methode richtet sich nur an die Schüler. Lehrer sind hier nur als Zuschauer zugelassen.

Erik auf dem Heißen Stuhl

Protokoll eines Feedbacks

Herr Kasimir: Ihr habt euch bei mir darüber beklagt, dass die Disziplin in der Klasse in letzter Zeit aus dem Ruder gelaufen ist. Sicherlich habe daran auch ich meinen Anteil. Und ihr habt mir kürzlich sehr deutlich gesagt, wo meine Fehler liegen. Für die Disziplin im Klassenzimmer sind die Schüler aber genauso verantwortlich wie der Lehrer. Deshalb habt ihr heute Gelegenheit, eure Mitschüler um ein Feedback zu bitten: Welchen Anteil habt ihr an den bekannten Disziplinproblemen? Und was könnt ihr dazu beitragen, dass sich die Atmosphäre im Unterricht verbessert?
Dazu haben wir den *Heißen Stuhl* in die Mitte unseres Kreises gerückt. Die Spielregeln brauche ich euch nicht mehr zu erklären; die sind euch ja längst vertraut. Der Anfang ist immer das Schwierigste. Wer von euch traut sich? ... Erik? ... Klasse! Nimm jetzt bitte auf dem *Heißen Stuhl* Platz.

Verena: Erik, mir imponiert, wie gut du unsere Lehrer imitieren kannst. Da bist du wirklich ein Profi. Aber es nervt, wenn du das immer während des Unterrichts machst. Das ist schon lange nicht mehr witzig!

Paul: Du traust dich mehr als viele andere. Und du hast den Mut, den Lehrern auch einmal die Meinung zu sagen. Respekt vor deiner Courage! Andererseits vergreifst du dich dabei oft im Ton. So hast du neulich Herrn Jergius vorgeworfen, er würde nur Blech labern. Das war nicht fair von dir. Und das hat mit sachlicher Kritik nichts mehr zu tun.

Holger: Wenn ich einmal eine gute Note bekomme, machst du sofort einen Riesenaufstand. Du nennst mich dann einen „Streber“ oder sogar einen „Schleimer“ – und das auch noch so laut, dass es wirklich alle mitbekommen. Positiv sind sicherlich deine Zwischenrufe. Die sind so schlagfertig und witzig, dass sie viele Lehrer sprachlos machen.

Jill: Außerhalb des Unterrichts profitieren wir alle von deinen witzigen Einfällen. Und vor allem im Schullandheim warst du für die gute Stimmung verantwortlich. Im Unterricht selbst aber bin ich froh, wenn ich einigermaßen mitkomme. Deine Einlagen als selbsternannte Stimmungskanone sind dann gar nicht mehr witzig, sondern nur noch nervend!

Herr Kasimir: Vielen Dank. Das waren vier deiner Mitschüler, die dir ein Feedback geben wollten. Von wem in der Klasse würdest du selbst gerne wissen, wie er über dein Verhalten in der Klasse denkt?

Erik: Da fällt mir spontan die Lena ein: Lena, wie denkst denn du über mich?

Lena: Ups – damit hatte ich nicht gerechnet. Aber ich will nicht kneifen: Auch mich ärgert dein Stargehabe. Du hältst dich offensichtlich für den Schönsten, den Klügsten und Witzigsten. Und deine Soloauftritte tragen ganz viel Unruhe in die Klasse. Cool finde ich an dir, dass du mit Kritik sehr locker umgehen kannst. Und auch, dass du dich gleich als Erster auf den *Heißen Stuhl* gesetzt hast.

Erik: Danke für euer Lob, danke für eure Kritik. Ich will einmal darüber nachdenken. Aber ihr sollt auch wissen: Ich bin nicht auf der Welt, um so zu sein, wie ihr mich haben wollt.

LÄRM-PROTOKOLL

Mehr noch als Gewalt und Schmutz beeinträchtigt der allgegenwärtige Lärm die Lernatmosphäre im Klassenzimmer. Wie sehr die Lehrer unter diesem Lärm zu leiden haben, haben zahlreiche Studien bewiesen. Über die Belastung der Schüler durch den Lärm gibt es aber noch keine Studien. Exakte Messungen über die Entwicklung des Lärmaufkommens können sich die wenigsten Schulen leisten. Aber schon ein aufmerksamer Zuhörer könnte registrieren, wann mit besonderen „Lärmspitzen“ zu rechnen ist und wann sich die Situation wieder beruhigt. Deshalb wird für jede Stunde ein *Lärm-Protokoll* erstellt.

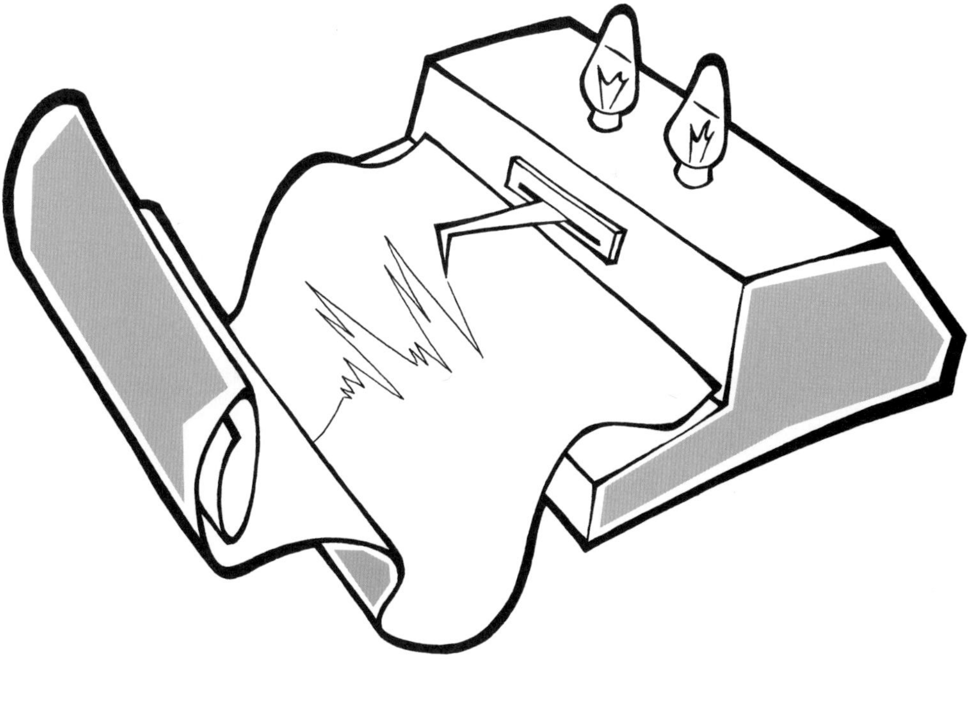

SO GEHT'S

Jeweils ein Schüler übernimmt das Amt des Stundenwächters: Er muss in einem Diagramm festhalten, wie sich der Lärm im Klassenzimmer während des Unterrichts entwickelt. In der Vertikalen werden dabei die ermittelten Lärmwerte (z.B. sehr leise, leise, laut, sehr laut) eingetragen und in der Horizontalen die einzelnen Stationen des Unterrichtsverlaufs. Zu Beginn der nächsten Stunde erläutert der Stundenwächter dann anhand einer Folie sein *Lärm-Protokoll*.

RISIKEN UND REAKTIONEN

Den Lärm zu registrieren, bedeutet noch lange nicht, ihn auch zu bekämpfen. Deshalb muss ein solches *Lärm-Protokoll* jeweils ausgewertet und auf mögliche Schwachstellen hin abgeklopft werden. So kann sich zeigen, dass ein **Methodenwechsel** den Lärmpegel jeweils kräftig ansteigen lässt. Wenn die Stühle umgestellt, Arbeitsgruppen rekrutiert und die erforderlichen Materialien verteilt werden – dann verwandelt sich das Klassenzimmer schnell in ein Tollhaus.
Es kann sich aber auch zeigen, dass der Lehrervortrag das Lärmaufkommen eher antreibt, während die Gruppenarbeit zu einer allgemeinen Beruhigung führt. In der Konsequenz würde das bedeuten, dass die Vorbereitungen für einen Methodenwechsel schon vor der Stunde getroffen werden müssen und dass der Gruppenarbeit mehr Raum gegeben werden sollte. Das *Lärm-Protokoll* kann deshalb allenfalls ein Anstoß sein, um die vielen Lärmquellen im Klassenzimmer aufzuspüren und gegebenenfalls zu beseitigen.

7. FOTO-SHOOTING

Das Waschbecken auf der Jungentoilette ist schon seit einigen Tagen aus seiner Verankerung gerissen, aber offensichtlich stört das niemanden.
Der Vorhang im Physiksaal hängt seit vielen Monaten wie ein nasser Lappen von der Decke, aber Lehrer wie Schüler scheinen sich mit diesem Anblick längst abgefunden zu haben. Die Tische der Schüler sind seit Langem mit aggressiven Sprüchen und mit fragwürdigen Symbolen verunstaltet, doch Anstoß nimmt daran schon lange keiner mehr.
Überall im Schulgebäude zeigen sich solche Spuren von Gewalt und Zerstörung. Und alle Beteiligten scheinen sich daran gewöhnt zu haben. Deshalb fällt es oft schwer, die **Gewalt gegen Sachen** zum Thema zu machen. Aber sie muss zum Gegenstand von Tutorenstunden, von Elternabenden und von Klassenkonferenzen werden, denn auch diese Form der Gewalt ist ein **Alarmsignal**. Durch ein *Foto-Shooting* kann die Schulöffentlichkeit mit den oft übersehenen und gerne verdrängten Hinterlassenschaften eines gewalttätigen Alltags konfrontiert werden.

SO GEHT'S

Lehrer und Schüler stellen gemeinsam ein Team von drei Schülern zusammen. Die drei werden mit einer Polaroid-Kamera ausgerüstet und gehen nun im Schulgebäude auf „Motivsuche". Dabei haben sie die Aufgabe, **Spuren der Verwüstung** zu entdecken und mit der Kamera festzuhalten. Diese Aktion sollte nicht angekündigt und auch nicht aufwändig geplant werden. Voraussetzung ist nur, dass sich dem Foto-Team alle Türen öffnen und dass keine Tabus akzeptiert werden. Die Fotos sollten dann in der Pausenhalle oder im Foyer präsentiert werden. Lehrern wie Schülern bietet sich so ein eindrucksvolles Bild: Gerade Schulen, die jeden Verdacht gewalttätiger Aktivitäten weit von sich weisen, werden durch eine solche Ausstellung mit unangenehmen Realitäten konfrontiert.

RISIKEN UND REAKTIONEN

Das *Foto-Shooting* kann nur ein Auftakt sein. Denn es kann lediglich das Bewusstsein für die alltägliche Gewalt gegen Sachen schärfen. Es liegt an Schülern, Lehrern und Eltern, darauf mit kreativen und konstruktiven Aktionen zu reagieren.

Ein *Werktag* (s. S. 126–129) könnte eine solche Aktion sein: An so einem Tag nehmen sich alle einen ganzen Vormittag oder einen Samstag Zeit, um die Spuren der Sachbeschädigungen aus dem Schulgebäude zu verbannen und die Schule zu einem wohnlichen und attraktiven Lernort umzurüsten.

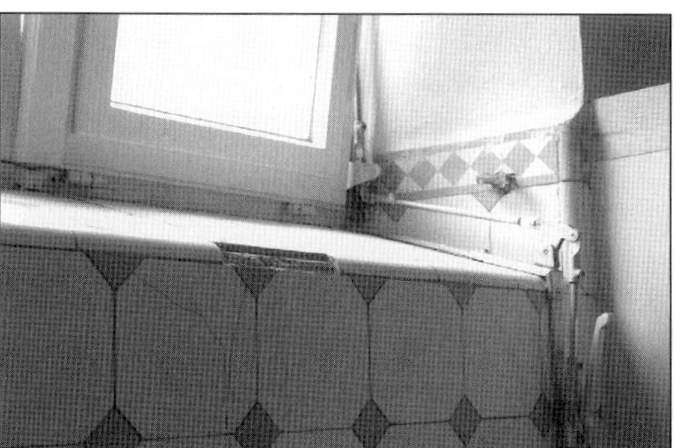

Hinterlassenschaften eines gewalttätigen Schulalltags:
abgeschlagene Fliesen, Graffiti, Schmierereien auf der Toilette, defekte Lampenabdeckungen, eingeschlagene Scheiben …

8. MÜLL-COLLAGE

Neben dem Lärm gehört der Müll zu den nervigsten Belastungsfaktoren des Schulalltags. Scheinbar unaufhaltsam schiebt sich durch unsere Klassenzimmer eine Müll-Lawine, der sich niemand mehr in den Weg stellen möchte. Einerseits produziert unsere Zivilisation jede Menge Müll, und die Schule wird sich diesem Trend auf Dauer wohl nicht entziehen können. Andererseits lassen unsere Kommunen als die zuständigen Sachaufwandsträger die Schulgebäude nur noch ein- oder zweimal in der Woche reinigen. Die Schüler scheinen sich in einem zugemüllten Klassenzimmer ganz wohlzufühlen. Und ihre Lehrer haben wohl keine rechte Lust mehr, sie immer wieder zu Mülltrennung und Müllvermeidung anzuhalten. Das ändert nichts daran, dass so viel Müll auf Dauer aggressiv macht und das **Klima im Klassenzimmer nachhaltig belastet**.
Nicht mit moralisierenden Appellen lassen sich die Schüler hier erreichen, sondern mit spannenden, motivierenden Projekten. Eine *Collage* aus dem Müllaufkommen eines einzigen Schultages – das könnte ein solches Projekt sein!

SO GEHT'S

Der zurückgebliebene Müll eines Tages wird aufgekehrt und aufgehoben. Die Schüler haben nun die Aufgabe, für die ungeordneten Hinterlassenschaften eines Schultages eine Struktur zu finden und daraus eine *Collage* zu gestalten. Ein Vorbild könnten die Pyramiden und Vorhänge sein, die aus Getränkedosen gebastelt werden und inzwischen in vielen Schulgebäuden als ein Memento gegen den gedankenlosen Verpackungswahn bewundert werden können.

8

RISIKEN UND REAKTIONEN

Letztlich zählen hier nicht die praktischen Ergebnisse, sondern die Diskussionen und Überlegungen, die einer solchen Collage vorausgehen. Der verdiente Respekt gilt nicht der Klasse, die sich zu ihrer *Collage* besonders viel einfallen lässt, sondern der, die aus diesem Projekt die richtigen Schlüsse zieht. Nicht ein attraktiver Blickfang sollte das Ergebnis sein, sondern ein veränderter Umgang mit den selbstverschuldeten Belastungen des Schulalltags.

Ein Kunstwerk zum Abgewöhnen

Wisst ihr, was ein Messi ist? – Wahrscheinlich nicht. Und auch unsere Klasse konnte mit diesem Begriff zunächst nicht viel anfangen. Inzwischen wissen wir: Messis sind Leute, die Unwichtiges und Wichtiges nicht voneinander trennen können. Sie werfen deshalb nichts weg und behalten auch völlig überflüssige, ja sinnlose Dinge. Man kann sich deshalb vorstellen, wie es in den Wohnungen der Messis ausschaut: Zugemüllt bis zur Decke stapeln sich hier Verpackungen, alte Zeitungen oder Essensreste. Von einer Müllhalde ist eine typische Messi-Wohnung deshalb kaum mehr zu unterscheiden.

Für Frau Böhm-Winterstein sind allerdings auch wir eine Messi-Klasse: Auch wir scheuen den Weg zum Mülleimer oder zur Biotonne, und entsprechend hoch sind die Müllberge, die sich in unserem Klassenzimmer stapeln.

Anfangs haben wir diesen Verdacht natürlich weit von uns gewiesen. Dann aber machte sich unsere Klassenleiterin einmal die Mühe, den Müll eines ganzen Schultages aufzulesen und uns das Ergebnis zu präsentieren. Es war uns schon ein bisschen peinlich, was da so alles zusammen kam: zerknüllte Arbeitsblätter auf dem Boden, verschimmelte Pausenbrote unter den Tischen und jede Menge Altpapier hinter den Heizkörpern. Unser Klassenzimmer ähnelt einer Mülldeponie – nur, dass es kaum noch jemandem auffällt.

Wohlweislich überhörte Frau Böhm-Winterstein die vielen „Pfui Teufels“ und „Igitts“. Denn sie forderte uns auf, aus der Hinterlassenschaft unseres Messi-Verhaltens eine Collage zu gestalten. Wir griffen gerne zu, aber waren doch bald an den Grenzen unserer Kreativität angelangt. Schließlich einigten wir uns darauf, die Collage wie ein System konzentrischer Kreise anzulegen: In der Mitte platzierten wir Dinge, die irgendwie wichtig werden könnten. Dazu gehörten auch Paulas Erdkundeprobe und die jüngste Ausgabe der Schülerzeitung. Die Wichtigkeit der Fundsachen nahm zum Rand der Collage hin ab. Und in den äußersten Ring klebten wir nur noch Merkwürdigkeiten wie einen von zwei Seiten angebissenen Müsliriegel oder eine herrenlose Wollsocke.

Seit ein paar Wochen hängt diese ***Müll-Collage*** *jetzt in unserem Klassenzimmer. Das mag kein schöner Anblick sein. Aber die Collage erinnert uns jeden Tag daran, den anfallenden Müll regelmäßig zu entsorgen und am besten ganz zu vermeiden. Wir sind und wir bleiben die 8m, aber niemand soll glauben, dass „m“ stehe für: Messi. Denn mit unserer Messi-Vergangenheit wollen wir endlich abschließen.*

Kathi und Simon (8m) –
exklusiv für die Schülerzeitung „Zwiebelfisch“

9. SPOTLIGHT

Die 9a ist eine ganz normale Klasse. Ganz normal – das heißt:
Fast alle Schüler besitzen ein Handy, und für manche hat das UMTS-Zeitalter schon begonnen. Die Schüler der 9a haben es sich abgewöhnt, Briefe zu schreiben oder die Freunde daheim mit Ansichtskarten aus dem Urlaub zu beglücken.
Aber die **Kommunikation per SMS** gehört in dieser Klasse längst zu den Unverzichtbarkeiten des Schüleralltags. Die Schule muss solche Entwicklungen nicht nur zur Kenntnis nehmen. Sie muss sich auch in die Kommunikation der Kurznachrichten einklinken, wenn sie die Schüler überhaupt noch erreichen will. Andere europäische Länder sind hier schon viel weiter. So werden in Frankreich die Eltern über eine SMS informiert, wenn ihre Kinder morgens nicht in der Schule erschienen sind. Inzwischen aber haben auch in Deutschland die ersten Lehrer die Segnungen der SMS-Kommunikation für sich entdeckt.

Oft wird den Lehrern erst nach Unterrichtsschluss bewusst, dass ihnen eine Stunde aus dem Ruder gelaufen ist und dass sie jetzt eigentlich auf eine Rückmeldung ihrer Schüler angewiesen wären.
Da kann es ein Vorteil sein, die Handynummern der Schüler gespeichert zu haben. **Denn so lässt sich fast die ganze Klasse mit einem Tastendruck erreichen.** Mit einer elektronischen Botschaft kann der Lehrer den Schülern seine Enttäuschung über die aktuelle Unterrichtssituation übermitteln: kurz, deutlich, vielleicht auch pointiert.
Seine Botschaft ist nicht mehr als ein *Spotlight* – und ist damit ganz auf die Möglichkeiten dieses Mediums zugeschnitten. Dann heißt es für ihn nur noch: Abwarten. Doch schon bald kann er mit den ersten Rückmeldungen rechnen.

RISIKEN UND REAKTIONEN

Der Überraschungseffekt muss kein Nachteil sein. So kann eine solche SMS-Botschaft Betroffenheit auslösen, manchmal auch Scham. Sie kann aber auch zum Widerspruch reizen und zum Auftakt eines anstrengenden Diskurses werden.
Wer sich eine solche Belastung seiner Handy-Rechnung nicht zumuten möchte, kann andere Möglichkeiten der elektronischen Kommunikation für sich nutzen. Er kann die Schüler mit einer E-Mail überraschen und damit jene Nachdenklichkeit provozieren, die sich in der Aufgedrehtheit des Klassenzimmers nur selten einstellt.

Beispiele für eine Lehrer-SMS und Schüler-Reaktionen

Hallo ihr,
was war das heute in Erdkunde? Ihr laut und aggressiv. Ich genervt und überfordert. Eine verlorene Stunde. Was tun, damit sich das nicht wiederholt?
Karsten Stoller

Hallo Herr Stoller,
das war wirklich scheiße heute. Keine Ahnung, warum. Aber ich habe Kopfweh wie die Sau.
Nico

Das geht doch jetzt schon länger so in Erdkunde. Warum fällt Ihnen das erst jetzt auf?! ... War nur so eine Frage ...
Myriam

Nichts gegen Ihren Unterricht. Aber diese Klimadiagramme nerven nur. Trotzdem: Das mit der SMS ist cool von Ihnen. Danke!
Moritz

Wer nicht aufpasst, ist selber schuld. Aber wer ständig laut ist, schadet auch den anderen. Das ist unfair.
Murat

BEISPIEL

Hallo,
warum zeigen Sie uns eigentlich nie, wenn Sie sauer sind?
Man hat den Eindruck: Sie können gar nicht in die Luft gehen. Gehen Sie doch einfach mal !!!
Corinna

Stimmt!
War ätzend heute. In solchen Stunden sind wir wie unter Drogen. Wir hängen ab und haben unser Gehirn ausgeschaltet.
Sorry. War nicht persönlich gemeint.
Katja

Lieber Herr Stoller,
es wäre besser gewesen, Sie hätten heute einfach abgebrochen. Ich habe das eigentlich auch von Ihnen erwartet. Lieber mal die Bremse anziehen als den Karren einfach weiterlaufen lassen. Geht das?
Janik

Hallo Herr Stoller,
vielleicht hätten wir mal direkt drüber geredet. Per SMS find ich es schwierig.
Reden wir am Do drüber?
Frauke

10. WEISS UND BLAU

Es stimmt nicht, dass sich viele Schüler während des Unterrichts geistig abmelden und nur noch ihre Körper anwesend sind. Sie sind in der Regel durchaus aufmerksam – nur leider an der falschen Stelle.

Nach ihren Unterrichtserlebnissen befragt, fallen ihnen sogar gänzlich nebensächliche Details und völlig überflüssige Bemerkungen ein. Sie bekommen offensichtlich viel von dem mit, was um sie herum passiert.

Oft sind es allerdings die **Konflikte und Ablenkungen**, die ihre Erinnerung an den Unterricht prägen, während die eigentlichen Unterrichtsinhalte nicht gespeichert wurden. So haben viele Schüler große Probleme damit, die Tafelanschrift der Stunde zu rekonstruieren, während sie spontan alle Schüler nennen könnten, die mit einer Strafarbeit beauftragt wurden. Eine solche Aufmerksamkeit an der falschen Stelle beeinträchtigt die Wahrnehmung der wirklich wichtigen Unterrichtsinhalte.

Wie stark die Konzentration der Schüler von den zahlreichen Störungen des Unterrichts in Anspruch genommen wird, muss ihnen erst einmal deutlich gemacht werden. Eine gute Methode dazu ist die Lernzielkontrolle in *Weiß und Blau*.

SO GEHT'S

Jeweils zwei Schüler bekommen zwei Fragenkataloge: Der Schüler, der links sitzt, erhält ein *weißes* Blatt, auf dem zehn Fragen zum Stoff der Stunde aufgelistet sind. Der rechte Schüler beantwortet auf einem *blauen* Blatt zehn Fragen, die sich auf die vielen kleineren und größeren Störungen im Klassenzimmer beziehen. Anschließend werden die Antworten der Schüler ausgewertet. Wichtiger als die richtigen Antworten im Einzelnen ist die Frage, wer sich in diesem Leistungsvergleich besser geschlagen hat. In der Regel sind es die *Blauen*, die sich hier leichter tun. Denn es scheint attraktiver, sich mit den vielen Randerscheinungen des Unterrichts zu beschäftigen als mit dessen eigentlicher Botschaft.

RISIKEN UND REAKTIONEN

In der Regel reagieren die Schüler auf die Ergebnisse eines solchen Erinnerungstests betroffen. Denn sie wollen nicht wahrhaben, welchen Stellenwert die diversen Ablenkungen innerhalb des Unterrichtsgeschehens tatsächlich haben. Das Gespräch mit ihnen wird sich dann vor allem um die Frage drehen, wie solche Ablenkungen künftig vermieden werden können. Und damit wäre ein wichtiger Anfang gemacht.

Fragenkataloge Weiß und Blau

Was ist hängen geblieben?

Zehn Fragen in Weiß – *und was* ***Larissa*** *darauf geantwortet hat.*

1. **An welcher Stelle unter den Industrienationen rangiert Japan?**

   Ich glaube: Auf dem zweiten Platz.

2. **Was sind typische Standortfaktoren?**

   Rohstoffe, Arbeitskräfte, Verkehrswege und und und

3. **Wie gut eignet sich das Relief Japans für eine Ansiedlung von Industriebetrieben?**

   Gegenfrage: Was bitte ist ein Relief?

4. **Wie viel Platz ist in Japan für die Ansiedlung von Industriebetrieben?**

   Ich nehme an: Wenig.

5. **Welche Naturkatastrophen bedrohen Japan als Industriestandort?**

   Das sind z.B. diese Seebeben, deren japanischen Namen ich leider vergessen habe.

Was ist hängen geblieben?

Zehn Fragen in Blau – *und was* ***Judith*** *darauf geantwortet hat.*

1. **Warum begann die Stunde erst mit einer Verspätung von mindestens acht Minuten?**

   Weil einige zwischen den Stunden beim Bäcker waren und dort offensichtlich Hochbetrieb herrschte.

2. **Wie gut war die Tafel gewischt?**

   Wahrscheinlich überhaupt nicht.

3. **Warum gab es Ärger zwischen Karina und dem Erdkundelehrer?**

   Keine Ahnung.

4. **Warum war Julius während der Stunde im Klassenzimmer unterwegs?**

   Weil er seine Orangenschalen entsorgen musste.

5. **Was stand auf dem Briefchen, das während der Stunde in der Klasse herumging?**

   Ob wir einverstanden sind, dass die Mathe-Schulaufgabe verschoben werden soll.

6. Wie gut ist Japan mit Rohstoffen versorgt?

Gut? Schlecht? – Keine Ahnung.

7. Was versteht man unter „Humankapital"?

Das müssen Sie jemand anderen fragen.

8. Welche Arbeitnehmer sind ein Gewinn für die moderne Industrie?

Tja …

9. Seit wann unterhält Japan Handelsbeziehungen mit anderen Ländern?

??????????????????????

10. Wie sieht die Standortbilanz Japans als Industrieland aus?

Ich glaube: Nicht so gut. Oder?????

6. In welchem Zusammenhang bekam der Erdkundelehrer einen Wutanfall?

Als Carsten und Mustafa ihren Atlas gegen Ende der Stunde immer noch nicht aufgeschlagen hatten.

7. Welche Frage passte überhaupt nicht zum Stoff der Stunde?

Sorry …

8. Wessen Handy klingelte während der Stunde und musste deshalb auf dem Pult zwischengelagert werden?

Das war Julian mit seinem Foto-Handy!

9. Worum ging es in der Durchsage der Schülervertretung gegen Ende der Stunde?

Um die Halloween-Party der 5. Klassen.

10. Warum mussten Nico und Lukas nach dem Stundenende noch einmal zurück ins Klassenzimmer?

Keine Ahnung – da war ich schon weg.

2. Kapitel

Projekte

Von der pädagogischen Notwendigkeit des Projektlernens muss heute niemand mehr überzeugt werden: An vielen Schulen gehören die Projektwochen längst zum pädagogischen Pflichtprogramm. Immer häufiger sehen auch die Lehrpläne die **Durchführung von Unterrichtsprojekten** vor.
Und sogar für viele Schulbücher gehört die Projektarbeit zu den unverzichtbaren methodischen Standards.
Der Projektunterricht ist auf keine Missionare mehr angewiesen. Doch mit dieser allgemeinen Akzeptanz scheinen sich auch die strengen inhaltlichen Anforderungen verflüchtigt zu haben, die man lange Zeit an die Projektarbeit stellte. So galt das Projekt ursprünglich als ein **ergebnisoffenes Lernvorhaben**: Es war nur begrenzt plan- und steuerbar und sollte eine Eigendynamik entwickeln, mit der weder Lehrer noch Schüler rechnen konnten.
In der Routine des Schulbetriebs ist davon nicht mehr viel übrig geblieben.
Ein Projekt ist immer mit viel Aufwand verbunden. Deshalb wird man wohl kaum riskieren, dass ein Projekt irgendwann ergebnislos abgebrochen wird.

Projekte sind heute wohl kalkuliert, unliebsame Überraschungen bleiben weitgehend ausgeschlossen, der Spannungsfaktor tendiert gegen Null.

Projekte im Zusammenhang mit Disziplinkonflikten machen aber nur dann Sinn, wenn sie ein mögliches Ergebnis nicht schon vorwegnehmen. Hier kann von den beteiligten Lehrern erwartet werden, sich wieder an das **Prinzip eines ergebnisoffenen Ausgangs** zu erinnern. Wenn die Schüler z.B. *Ansichtskarten* (s. S. 69–71) in ihren Briefkästen finden, die ihnen den ganz gewöhnlichen Vandalismus im Schulgebäude vor Augen führen – dann ist noch nicht abzusehen, wie sie damit umgehen werden. Sie können diese Botschaft ihrer Lehrer einfach übergehen, können sich aber auch zu einer spontanen Verschönerungsaktion zusammenfinden. Andererseits muss ein einmal gestartetes Projekt immer wieder neu auf den Prüfstand gestellt werden. So ist eine *Klassensatzung* (s. S. 92–97) nicht in Stein gemeißelt. Sie kann und muss immer wieder korrigiert, angepasst und verändert werden. Bisherig geltende Bestimmungen können sich als obsolet oder als undurchführbar erweisen. Und manche Regel wird erst verspätet ihren Weg in die Klassensatzung finden.

Wer sich auf ein Projekt einlässt, um Störungen abzubauen und Konflikte zu entschärfen, **muss einen langen Atem mitbringen**. Anders als kurzfristig einsetzbare Methoden muss an einem Projekt über einen längeren Zeitraum gearbeitet werden. Gerade das unterscheidet aber den Verhaltensdiskurs von allen Spielarten punktueller Konfliktintervention. Mit Projekten lässt sich nun einmal kein kurzer Prozess machen!

11. ANSICHTSKARTEN

Vorbei sind die Zeiten, als unsere Briefkästen zur Urlaubszeit mit *Ansichtskarten* verstopft waren, vorbei die Zeiten, als sich unsere Schüler im Schullandheim die Zeit mit dem Schreiben von Ansichtskarten vertrieben.
Im Zeitalter von Handy und Internet gibt es schnellere Formen der zwischenmenschlichen Verständigung. Umso größer dürfte der **Überraschungseffekt** sein, wenn die Schüler im elterlichen Briefkasten eine Ansichtskarte finden und wenn dann dafür noch ihr Klassenlehrer verantwortlich ist.

SO GEHT'S

Die Motive auf diesen Ansichtskarten sollten nichts beschönigen.
Sie sollten den Zustand des Klassenzimmers abbilden, so wie er wirklich ist, z.B.

- **die Pinnwand, an der nur noch einige zerknitterte Fotos aus der BRAVO baumeln,**
- **die Fensterbänke, auf denen sich verwelkte Zimmerpflanzen und herrenlose Turnschuhe stapeln,**
- **die ungewischte Tafel,**
- **verunstaltete Schülertische,**
- **zugemüllte Wandschränke oder**
- **zerfetzte Vorhänge.**

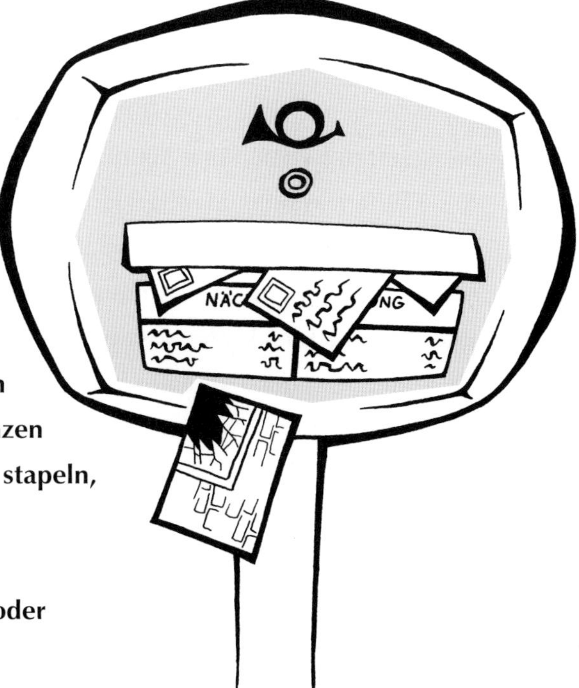

Viele Schulen bieten einen Fotokurs als Wahlfach, an und einige von ihnen verfügen über eine eigene Dunkelkammer. Hier können einzelne Lehrer z.B. *Ansichtskarten* von den Zerstörungen und Schlampereien im Klassenzimmer „bestellen". Den Teilnehmern des Fotokurses dürfte es nicht schwerfallen, die Fotos zu machen und im Postkarten-Format zu entwickeln. Damit ist eine solche Aktion auch ohne großen Aufwand zu bewerkstelligen.

RISIKEN UND REAKTIONEN

Die *Ansichtskarten* können belegen, wie wenig den Schülern ihr unmittelbares Lernumfeld bedeutet. Und sie vermitteln einen Eindruck vom ganz alltäglichen Vandalismus in unseren Schulgebäuden. Was den Schülern schon lange nicht mehr auffällt – auf den Fotos wirkt es abstoßend, hier macht es nachdenklich.

Das Verschicken solcher Ansichtskarten kann aber nur ein Anstoß sein.
Es liegt an den Schülern, diese Anregungen aufzugreifen und zu kreativen und spannenden Aktivitäten weiterzuentwickeln, z.B.:

- **Sie könnten sich zu einer spontanen Verschönerung des Klassenzimmers bereiterklären und den fälligen Vorher-Nachher-Vergleich ebenfalls im Bild festhalten.**
- **Sie könnten die Ansichtskarten zu einer Collage arrangieren und dazu nachdenkliche Kommentare schreiben.**
- **Sie könnten Kontakt zu einer Hauswirtschaftsfachschule aufnehmen und von deren Schülern fachkundigen Rat einholen. Oft entwickeln solche Projekte eine Eigendynamik, die von der Lehrkraft nur noch begleitet und dokumentiert werden muss.**

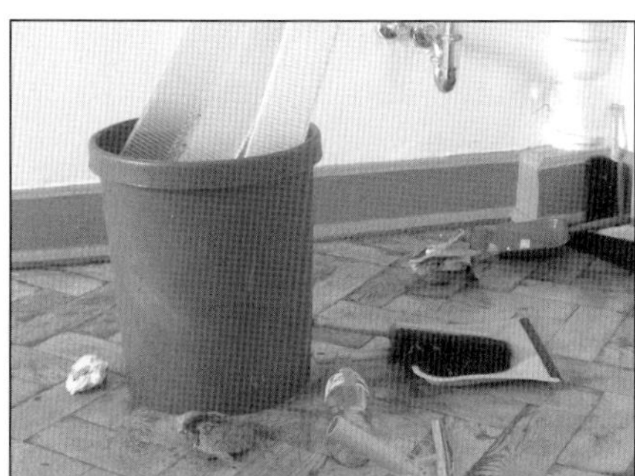

Mögliche „Motive" für ***Ansichtskarten****: Sie belegen, wie wenig den Schülern ihr unmittelbares Lernumfeld bedeutet und vermitteln einen Eindruck vom ganz alltäglichen Vandalismus in unseren Schulgebäuden.*

12. ANTI-GEWALT-TRAINING

An der Zahl und am Umfang der Schulstrafen lässt sich ablesen, welche Konflikte die Situation an unseren Schulen besonders belasten. Man hat den Eindruck, dass sich die klassischen Konflikte zwischen Lehrern und Schülern rückläufig entwickeln, während die **Auseinandersetzungen unter den Schülern immer mehr zunehmen**.

Sorgen bereiten da weniger laute, uninteressierte oder aufsässige Klassen als solche, die innerlich zerstritten sind und deren Alltag von Gewalt geprägt ist. Hier kommt auf den Lehrer die Aufgabe eines Schiedsrichters zu:
Er muss ermitteln, entscheiden, befrieden. Und er kann dabei nur verlieren, denn im Nachhinein lässt sich die Entwicklung eines solchen Konflikts oft gar nicht mehr rekonstruieren. **Die Strafe ist hierfür eine denkbar ungeeignete Form der Konfliktlösung.** Sie löst neue Aggressionen aus und setzt damit ein neuerliches Konfliktpotenzial frei.

Wirkungsvoller als jede Konfliktlösung im Nachhinein erscheint der präventive Ansatz: So lernen die Schüler, mögliche Konflikte auf gewaltfreie Art und Weise auszutragen und sich dabei des Mittels der Sprache zu bedienen. Solche Trainingseinheiten sind allerdings auf potenzielle Gewalttäter zu-

geschnitten: Sie erfahren, wie sie ihre Emotionen besser in den Griff bekommen und wie sie sich wirkungsvoll artikulieren können. Das ist sicherlich verdienstvoll, wird aber den möglichen Opfern nicht gerecht.
In einem eigenen Anti-Gewalt-Training sollen auch sie die Möglichkeit bekommen, Formen der Konfliktreduzierung zu erproben. Ein solches opferbezogenes Trainingskonzept zeigt nicht nur, wie Gewalt entsteht und welchen unausgesprochenen Regeln ein Konflikt unter Schülern folgt.
Das Konzept führt den Betroffenen auch vor, wie sie aus ihrer Opferrolle heraustreten können, um einer möglichen Eskalation des Konflikts vorzubeugen. Damit geht vom Anti-Gewalt-Training ein wichtiges Signal aus: Niemand soll glauben, der Entwicklung eines gewalttätigen Konflikts hoffnungslos ausgeliefert zu sein. Auch das Opfer hat eine Chance – nur muss es seine Chance kennen.

SO GEHT'S

Natürlich wird niemand die Schüler einer Klasse in potenzielle Täter und in mögliche Opfer einteilen wollen. Deshalb muss an einem *Anti-Gewalt-Training* die ganze Klasse beteiligt sein. Auch wenn für ein solches Training nur zwei Stunden zu veranschlagen sind, sollte dafür ein Raum außerhalb des Schulgebäudes gesucht werden. Hier stellt sich die nötige Distanz ein, um vertraute Konfliktformen neu zu interpretieren und zu bewerten. Außerdem wäre es von Vorteil, wenn diese Trainingseinheit nicht von einem Lehrer, sondern von einem außerschulischen Übungsleiter durchgeführt würde. Dann bleibt der moralische Zeigefinger in der Tasche, und die Schüler können sich ohne jede Befangenheit beteiligen.
Und wie so oft gilt auch hier: Der Blick von außen ist genauer und kritischer als die vertraute Perspektive des pädagogischen Insiders. Die einzelnen Phasen des Trainings finden Sie auf den Seiten 75–77.

RISIKEN UND REAKTIONEN

Das *Anti-Gewalt-Training* verlangt den Schülern einen Rollenwechsel ab: Die Angreifer erleben hier einen Konflikt aus der Opferperspektive und die Angegriffenen finden sich in der Rolle der Täter wieder. Dieser Rollenwechsel kann zur Aufklärung, aber auch zur Versachlichung beitragen:

Jenseits aller Appelle und Ermahnungen analysieren die Schüler hier den Ablauf eines gewalttätigen Konflikts. Nicht moralische Wertungen sind hier gefragt, sondern der kritische und sensible Blick auf Täter und Opfer. Insofern kann diese Trainingseinheit dazu beitragen, einen falschen Mythos zu entzaubern: Gewalt fasziniert dann nicht mehr, sondern muss sich als eine ebenso alltägliche wie durchsichtige Erscheinung begutachten lassen. Und die Erfahrung zeigt, dass sie so sehr schnell ihren Reiz verlieren kann.

Aus der Rolle fallen

Ein Workshop zum richtigen Verhalten in Bedrohungssituationen

1. GEWALT – WAS IST DAS ÜBERHAUPT?

Zunächst geht es darum, die Schüler für die alltägliche Gewalt zu sensibilisieren. Sie werden deshalb mit kleinen Szenen konfrontiert, die mit

- **physischer Gewalt,**
- **psychischer Gewalt,**
- **verbaler Gewalt,**
- **Gewalt gegen Sachen,**
- **struktureller Gewalt oder**
- **Gewalt gegen sich selbst**

zu tun haben.

Wenn ein Schüler von mehreren Mitschülern zu Boden geworfen und dann auch noch getreten wird, ist der Fall klar. Auch Fälle von Erpressung und von Mobbing werden von den Schülern als gewalttätige Äußerungen identifiziert werden. Schwieriger fällt ihnen schon die Entscheidung, wenn es um Beleidigungen und Herabsetzungen geht. Und auch die Frage, ob ein zu klein geratener Pausenhof oder unbequeme Schulmöbel schon Beispiele struktureller Gewalt sind, bietet viel Diskussionsstoff.

Himmel und Hölle

Die Schüler stellen sich im Kreis auf. Auf dem Boden ist eine Diagonale aus Tesakrepp aufgeklebt, die den Kreis in zwei Hälften teilt. Die eine Hälfte ist mit einem „+“, die andere mit einem „–“ markiert.
Nun werden Fälle aus dem Schulalltag vorgelesen. Handelt es sich hier bereits um Gewalt? Dann stellen sich die Schüler auf die mit dem Plus-Zeichen markierte Hälfte.
Oder ist für sie noch keine Gewalt im Spiel? Dann wechseln sie auf die andere Hälfte. Der Übungsleiter kann sich jeweils einen Schüler auswählen und ihn bitten, seine Entscheidung kurz zu begründen.

2. JEDER TÄTER HAT SEIN „DREHBUCH"

Die Entwicklung gewalttätiger Konflikte folgt einem relativ starren Schema. Man könnte auch sagen: Dem Verhalten des Täters liegt ein bestimmtes „Drehbuch" zu Grunde, in welchem dem Opfer jeweils eine feste Rolle zugewiesen ist. Die Schüler haben sich darüber in der Regel noch keine Gedanken gemacht. Auf Nachfragen können sie aber sehr genau die Dramaturgie eines solchen „Drehbuchs" rekonstruieren: Da ist der Blick, mit dem das Opfer fixiert wird, da ist der fast schon ritualisierte Satz: *„Ist irgendwas?"*, da ist der erste Körperkontakt.

Wer die Eskalation eines Konflikts aufhalten will, muss die nächsten Schritte des Täters voraussagen können, um sein eigenes Verhalten darauf abzustimmen.

›› *Zuruftheater*

Ein Schüler verlässt den Raum.
Der Übungsleiter spielt mit einem Freiwilligen eine kleine Szene durch:
Der Schüler sitzt in der U-Bahn.
Der Angreifer setzt sich neben ihn und beginnt, ihn zu belästigen. Er sagt dabei aber kein Wort, sondern benutzt nur seinen Körper, indem er sein Opfer wegdrückt, bedrängt oder anrempelt. Diese Übergriffe werden langsam gesteigert – bis die Szene abgebrochen werden muss.
Nun werden die Rollen getauscht:
Das bisherige Opfer wird zum Täter und der Schüler, der vor der Tür gewartet hat, zum neuen Opfer. Der Täter darf allerdings erst aktiv werden, wenn er von den Zuschauern dazu aufgefordert wird:
Die Zuschauer rufen dem Täter nach und nach die klassischen Schritte einer solchen Szene zu, z.B. das Opfer mit Blicken fixieren, den Abstand zum Opfer verringern, mit dem Bein drängeln etc.
Durch dieses schrittweise Zurufen wird allen die Dramaturgie des typischen „Gewalt-Drehbuchs" bewusst.
Anschließend wird im Gespräch mit den Schülern das ungeschriebene „Drehbuch" dieses Konflikts rekonstruiert.

3. DAS DREHBUCH DER GEWALT UMSCHREIBEN

Das Opfer ist immer im Vorteil, wenn es mit dem ungeschriebenen Drehbuch des Täters vertraut ist. Es kann die Annahme der ihm zugewiesenen Rolle verweigern und muss sich nicht so passiv, ja apathisch verhalten, wie das vom Täter erwartet wird. Deshalb sollte sich das Opfer vornehmen, in einer solchen Bedrohungssituation bewusst „aus der Rolle zu fallen" und etwas ganz Unerwartetes zu tun.

Das Ergebnis einer solchen Initiative: Der Täter ist irritiert, er fühlt sich aus dem Konzept gebracht und ist sich seiner eigenen Reaktion nicht mehr sicher. Er wird nach einer Möglichkeit suchen, den Konflikt möglichst bald abzubrechen und den anfänglichen Frieden wiederherzustellen.

Natürlich ist der simulierte Diebstahl eines Federmäppchens nur ein Bagatelldelikt. Und doch lässt sich daran modellhaft nachzeichnen, welcher Dramaturgie das Drehbuch der Gewalt folgt und welche Möglichkeiten dem potenziellen Opfer zur Verfügung stehen, um einen Konflikt nicht eskalieren zu lassen.

▸▸ ***Rollenspiel***

Der Übungsleiter arrangiert eine Szene, wie sie in fast jedem Klassenzimmer vorkommt: Eine Schülerin sitzt auf ihrem Platz und wartet auf den Beginn des Unterrichts. Ein Mitschüler spielt den Angreifer: Er schnappt sich das Federmäppchen des Mädchens und droht damit, es aus dem Fenster zu werfen.
Die Schülerin reagiert zunächst so, wie es im Drehbuch des Angreifers vorgesehen ist: Sie gerät in Panik und bettelt so lange, bis sich der Angreifer einsichtig zeigt.
Dann wird die Szene noch einmal durchgespielt, nur dass hier die Schülerin aus der vorgesehenen Rolle fällt:
Sie reagiert auf die Attacke des Angreifers gelangweilt und schaut demonstrativ weg. Dieser hampelt nur noch hilflos herum. Mit seinem Verhalten hat ihn das Opfer völlig aus dem Konzept gebracht. Die Schülerin hat das Drehbuch der Gewalt in ihrem Sinne umgeschrieben.

10 Regeln zum richtigen Verhalten in Bedrohungssituationen

1. VORBEREITEN!

Bereite dich darauf vor, dass du jederzeit angegriffen werden kannst. Spiele solche Situationen in Gedanken schon einmal durch. Die Gewalt darf dich nicht unvorbereitet treffen.

2. RUHIG BLEIBEN!

Reagiere ohne Hektik und Panik. Ruhige Reaktionen irritieren den Angreifer und verunsichern ihn. Wenn du Ruhe ausstrahlst, beeindruckt das auch den Gewalttäter.

3. AKTIV WERDEN!

Sich nicht zu regen, bringt keinen Segen! Du darfst dem Angreifer nicht das Heft des Handelns überlassen, sondern musst selbst etwas tun: Geh einen Schritt auf ihn zu, reagiere mit einer beruhigenden Geste, sprich ihn an.

4. AKZEPTIERE DEINE OPFERROLLE NICHT!

Du tust dir keinen Gefallen, wenn du deinen Angreifer anflehst oder dich unterwürfig zeigst. Stattdessen solltest du die Initiative ergreifen. Das Drehbuch dieses Konflikts musst du selbst schreiben.

5. HALTE ZUM ANGREIFER KONTAKT!

Schau deinem Angreifer in die Augen, denn du hast nichts zu verbergen. Und verwickele ihn in ein Gespräch. Das wirkt!

6. REDEN UND ZUHÖREN!

Hör sehr genau auf das, was dir der Angreifer sagt. Nutze alle Möglichkeiten, die Auseinandersetzung mit Worten zu führen. Beantworte die Fragen des Angreifers, und stelle ihm selbst Fragen. Sprich dabei ruhig, laut und deutlich. Das wirkt!

7. VERZICHTE AUF BELEIDIGUNGEN!

Geh mit deinem Angreifer fair und neutral um – auch wenn du wütend bist. Du solltest ihm nicht drohen und ihn auch nicht beleidigen. Damit kannst du zur Entspannung der Situation beitragen.

8. HOLE HILFE!

Verzichte darauf, den Helden zu spielen. Wenn deine Mitschüler die Auseinandersetzung verfolgen: Sprich sie an, und bitte sie, dir zu helfen. Bring sie dazu, in das Geschehen einzugreifen und nicht wegzusehen.

9. UNERWARTETES TUN!

Der Angreifer ist nur so lange stark, wie alles nach seinem Plan läuft. Überrasche ihn mit Reaktionen, auf die er nicht gefasst ist. Überlege dir schon vorher, wie du ihn aus dem Konzept bringen kannst.

10. KÖRPERKONTAKT VERMEIDEN!

Egal, ob du selbst angegriffen wirst oder ob du einem bedrängten Mitschüler zu Hilfe kommen willst: Fass den Angreifer nicht an. Jeder Körperkontakt bedeutet eine Grenzüberschreitung. Das solltest du nicht riskieren!

Vgl. Uwe-Karsten Heye (Hrsg.): Gesicht zeigen! Handbuch für Zivilcourage. Frankfurt und New York 2001, S. 19ff.

DAS FLÜSTERNDE KLASSENZIMMER

Viele Lehrer und auch viele Schüler beklagen sich darüber, dass es im Klassenzimmer zu laut ist. Solche Klagen sind fast so alt wie die Schule. Die Wissenschaft aber ist solchen Beschwerden erst relativ spät nachgegangen. Inzwischen haben Umweltpsychologen die **tägliche Lärmbelastung** in unseren Klassenzimmern gemessen, und ihre Ergebnisse sind mehr als alarmierend: So kann man davon ausgehen, dass an vielen Grundschulen ein Schallpegel von 70 Dezibel erreicht wird. In manchen Situationen erreicht der Lärm sogar einen Wert von 90 Dezibel. Das ist umso bemerkenswerter, als in der Industrie und auf dem Bau oberhalb eines Grenzwertes von 85 Dezibel das Anlegen eines Hörschutzes empfohlen wird. Unsere Grundschüler aber müssen ohne eine solche Vorsichtsmaßnahme auskommen. Sie sind dem täglichen Lärmterror schutzlos ausgeliefert. Und der für geistige Tätigkeiten noch angenehme Wert von 54 Dezibel wird fast überall überschritten.

Es mag ja sein, dass viele Klassen zu laut sind – das eigentliche Problem ist aber, dass die Architektur ihrer Klassenzimmer diesen akustischen Dauerstress auch noch multipliziert. Ungeachtet aller aktivierenden Lern- und Arbeitsformen sind die Schüler auch heute noch zu fast 75 % ihrer Arbeitszeit mit dem **Zuhören** beschäftigt. In lauten Klassenzimmern wird ihnen das so schwer gemacht, dass viele von ihnen vorschnell aufgeben.

Entscheidend dafür ist vor allem die Länge des Nachhalls. Dieser sollte einen Wert von 0,55 Sekunden nicht überschreiten, übertrifft diese Norm in manchen Klassenzimmern aber um das Vierfache. Das bedeutet, dass sich

einzelne Silben überlagern und nicht mehr ausdifferenziert werden können. Die Schüler müssen das Gehörte mühsam sortieren und neu zusammensetzen. Oder wie es die Hörforscherin Maria Klatte formuliert:
„Je anstrengender das reine Verstehen für die Kinder ist, umso weniger Kapazität bleibt für das Behalten."[9]

---

[9] *SPIEGEL 44/2003, S. 196*

SO GEHT'S

Vor diesem Hintergrund reicht es nicht aus, laute Schüler zu ermahnen und den Lärm im Klassenzimmer durch gutes Zureden bändigen zu wollen. Hier sind strukturelle Maßnahmen nötig: Die Lärmfallen in den Klassenräumen müssen geortet und durch intelligente Gegenstrategien unschädlich gemacht werden. Dazu ist die Hilfe technisch hochgerüsteter Umweltpsychologen gar nicht notwendig. Mit einem Lärmmessgerät – dem Dezibelmeter – lassen sich die akustischen Problemzonen des Klassenzimmers auch von Laien ausfindig machen.

Außerdem sind oft gar keine großen Investitionen notwendig, um die Lärmfallen auszuschalten. Korkfliesen z.B. sind in der Anschaffung relativ preisgünstig und effektive Schallschlucker, die den Nachhall im Klassenzimmer verkürzen. Und auch die guten alten Eierkartons, die in so manchem selbst gebauten Tonstudio den Sound verfeinerten, kommen im *Flüsternden Klassenzimmer* wieder zu Ehren.

RISIKEN UND REAKTIONEN

Experten beziffern die Kosten, die für die akustische Generalsanierung eines Klassenzimmers zu veranschlagen sind, auf 6000 Euro. Mit einfachen Mitteln und mit engagierten Eltern lassen sich diese Kosten aber minimieren – und der gewünschte Erfolg wird sich trotzdem einstellen. Dann wird auch den Schülern auffallen, wie leicht ihnen das Zuhören fällt. *„Ich fühle mich wie im Schwimmbad, wenn ich mit einem Ohr unter Wasser bin."*[10] – so bilanzierte ein Grundschüler seine neuen Hörerfahrungen, nachdem sein Klassenraum zu einem „Flüsterzimmer" umgerüstet worden war. Und diese Erfahrung möchte man eigentlich allen Schülern wünschen.

---

[10] *Frankfurter Rundschau vom 14. Oktober 2003, S. 27*

Das flüsternde Klassenzimmer

Ein Projekt für die Grundschule

Mögliche Lärmfallen	Gegenmaßnahmen
Fußboden	*Auf der glatten Unterlage wird ein schallschluckender Teppichboden verlegt. Der Boden kann aber auch mit Korkfliesen beklebt werden.*
Tische	*Die Tische werden mit einer Plastikauflage oder mit Filzgleitern beklebt.*
Stühle	*An der Unterseite des Metallrahmens werden Lärmstopper angebracht, wie sie in jedem Baumarkt zu haben sind.*
Tafel	*Die Tafel wird aus dem Klassenzimmer entfernt und durch eine Pinnwand aus Filz oder Kork ersetzt. Es können auch nur einige Flächen der Tafel mit Korkfliesen beklebt werden.*
Tür	*Die Scharniere werden geölt, und das Türprofil wird neu montiert. An der Innenseite dämmen Korkfliesen das Lärmaufkommen in der Klasse ab.*
Wände	*Die Wände werden wie in einem Tonstudio mit Eierkartons abgedämmt, um den Nachhall zu vermindern.*
Zimmerfront	*An der Frontseite des Zimmer wird ein so genanntes SoundEar© aufgehängt: Dieses elektronische Messgerät leuchtet auf, wenn ein bestimmter Grenzwert überschritten wird.*
Decke	*Unter der eigentlichen Zimmerdecke wird, über den Köpfen der Schüler, eine Akustikdecke aus komprimierter Glaswolle aufgehängt.*

14. INTERVENTIONSKOFFER

Viele Disziplinkonflikte haben ihre Ursache in einer verfehlten Arbeitsteilung: Während viele Lehrer im Rahmen des Unterrichtsgeschehens für sich den aktiven Part beanspruchen, **bleibt den Schülern nur die Rolle der passiven Beobachter**. So haben Unterrichtsanalysen ergeben, dass ein Lehrer alle zwei Minuten eine Frage stellt – die Schüler sich aber mit einer einzigen Frage im Monat begnügen müssen.
Dieser strukturellen Passivität versuchen sich manche Schüler zu entziehen, indem sie sich dem Lehrer mit unaufgeforderten Aktivitäten in Erinnerung bringen. Sie werden aktiv, aber eben zur falschen Zeit und zum falschen Thema. Wenn den Schülern ein aktiverer Part im Klassenzimmer eingeräumt würde, hätte sich manche Störung oder Auflehnung von selbst erledigt.
Sie hätten dann Gelegenheit, zu intervenieren, ohne durch laute Zwischenrufe oder kleinere Hakeleien auf sich aufmerksam machen zu müssen.

SO GEHT'S

Solche Überlegungen stehen hinter dem Projekt des *Interventionskoffers*. Von seinem Aussehen und von seiner Ausstattung her ist er mit dem aus zahlreichen Seminaren und Workshops vertrauten „Moderatorenkoffer" durchaus zu vergleichen:
Hier finden sich farbige Kärtchen, ein ganzes Sortiment von Klebestiften, ein Klassensatz dicker Filzschreiber und mehrere Rollen Klebeband, eine Fahrradhupe, eine Stoppuhr und 50 unterschiedliche Interventionsmethoden. Allerdings macht nicht sein Innenleben den *Interventionskoffer* für Schüler interessant, sondern sein Einsatz im Unterricht. Denn mit seiner Hilfe können sie aktiv werden!

Für die Dauer des Projekts übernimmt jeweils ein Schüler die Aufgabe eines Stundenwächters: Er nimmt den *Interventionskoffer* mit nach Hause, sucht sich für die nächste Stunde eine geeignete Methode aus und mischt damit die nächste Unterrichtsstunde auf. Dazu kann er zwischen den unterschiedlichsten Interventionsmethoden wählen.

Er kann

- **sich an der Vorbereitung des Unterrichts beteiligen,**
- **die Ergebnisse einer Stunde in origineller Form festhalten oder**
- **für den Lehrer ein Feedback organisieren.**

So bleibt der Unterricht keine Domäne der Lehrer, sondern geht zumindest teilweise in die Verantwortung der Schüler über.

14

RISIKEN UND REAKTIONEN

Bisherige Erfahrungen mit dem *Interventionskoffer* zeigen: Wenn dieses Instrument zur Integration der Schüler in die Unterrichtsplanung wirklich ernst genommen wird, kann es auch möglichen Disziplinkonflikten vorbeugen. In den Augen der Schüler hat der Lehrer nicht länger die alleinige Verantwortung für den Unterricht. Er muss diese Verantwortung jetzt mit ihnen teilen.

Wenn Schüler an der Planung und an der Evaluation des Unterrichts mitwirken, ist er für sie keine aufgezwungene Veranstaltung. Entsprechend schwer haben es dadurch Störer, den Unterricht in ihrem Sinne umzufunktionieren. Das würden ihnen ihre Mitschüler übel nehmen. Und deshalb werden sich gerade solche Störer hier zurücknehmen.

20 Methoden aus dem Interventionskoffer

1. ABC-PROTOKOLL

Zu Beginn der Stunde verteilt der Stundenwächter an seine Mitschüler selbstklebende Zettel, auf denen jeweils ein anderer Buchstabe notiert ist – von A bis Z. Die Schüler verfolgen den Ablauf der Stunde. Fällt ein signifikanter Begriff, der mit „ihrem" Buchstaben beginnt, so notieren sie diesen und kleben den Zettel auf die Tafel.

2. AMPELN

Der Stundenwächter hat Karteikarten im DIN-A5-Format gefaltet. Auf der Vorderseite klebt ein grüner, auf der Rückseite ein roter Markierungspunkt. Dann nennt der Lehrer das Thema der Stunde: Wen dieses Thema interessiert, der zeigt dem Lehrer die Seite mit dem grünen Punkt. Alle anderen bekunden mit dem roten Punkt, dass sie sich von dieser Stunde nicht viel erwarten. Sie bleiben dann für eine Stunde von den Nachfragen des Lehrers verschont.

3. BLITZLICHT

Am Ende der Stunde wird ein kurzes Feedback eingeholt. Dazu formuliert der Stundenwächter einen Satzanfang (*„Neu war für mich in dieser Stunde, …"*). Dann wirft er einem Mitschüler einen Softball zu. Dieser muss den vorformulierten Satz ergänzen (*„…, dass der Ausländeranteil in Deutschland nicht einmal 10% beträgt."*).
Dann wird der Ball weitergeworfen und der nächste Schüler muss den Satz fortsetzen. Wenn ihm keine Fortsetzung einfällt, wird der nächste Satzanfang formuliert.

4. FREMDWÖRTERPROTOKOLL

Der Stundenwächter notiert auf einer Folie alle Fremdwörter, die im Verlauf einer Unterrichtsstunde fallen. Diese Folie wird gegen Ende der Stunde auf den Tageslichtprojektor gelegt. Nun müssen die Schüler angeben, was die einzelnen Fremdwörter bedeuten.

5. GLEITZEIT

Hier werden alle belohnt, die aufgepasst haben, denn für sie ist die Stunde früher zu Ende. Dazu formuliert der Stundenwächter am Ende der Stunde zehn Fragen zum aktuellen Stoff, die von seinen Mitschülern schriftlich beantwortet werden müssen. Wer alle Fragen richtig beantwortet, kann seine sieben Sachen zusammenpacken und das Klassenzimmer früher verlassen.

6. GROSS UND KLEIN

Der Stundenwächter überlegt sich zu Hause verschiedene Kriterien, nach denen sich eine Unterrichtsstunde bewerten lässt, z.B. „Informationsgehalt", „Aktualität", „Methodenwechsel", „Unterhaltungswert", „Disziplin" usw. Am Ende der Stunde notiert er diese Kriterien auf einer Folie.

Je besser sie im Unterricht erfüllt worden sind, umso größer gerät die Schrift. Und je weniger der Lehrer diesem Anspruch gerecht geworden ist, umso kleiner werden die Buchstaben.

7. JOKER

Während des Unterrichts werden den Schülern Arbeitsaufträge gestellt, die diese zu erledigen haben. Der Stundenwächter erhält eine Joker-Spielkarte in Übergröße (großkopiert). Wenn er der Meinung ist, dass eine gestellte Aufgabe ebenso gut auch von den Eltern bearbeitet werden könnte, spielt er diesen „Joker“ aus. Dann wird der Arbeitsauftrag an die Eltern weitergegeben. Auf diese Weise erfahren die Eltern, was im Unterricht thematisch und methodisch „abläuft“. Für die Schüler kann diese Methode auch eine spannende Erfahrung sein, weil sie bemerken, dass Fragen bzw. Arbeitsaufträge, die für sie zum Lernalltag gehören, für ihre Eltern eine interessante Herausforderung sein können.

8. LEHRER-TÜV

Der Stundenwächter hat zu Hause eine Checkliste entworfen, um das Verhalten des Lehrers im Unterricht zu überprüfen: *„Bekommen alle Schüler, die sich melden, eine Chance?“, „Werden unbekannte Begriffe und Fremdwörter erklärt?“, „Wechseln Tonhöhe und Sprechtempo?“, „Kommen ganz unterschiedliche Medien zum Einsatz?“* etc. Während der Stunde hakt er alle Kriterien ab, die der Lehrer erfüllt hat, die anderen bleiben offen. Zum Abschluss der Stunde wird den Mitschülern das Ergebnis dieses Lehrer-TÜVs vorgestellt.

9. MORITAT

In der Nachfolge der Moritaten-Sänger stellt der Stundenwächter die einzelnen Stationen des Unterrichts in bildlicher Form dar (Skizzen). Seine Zeichnungen werden gegen Ende des Unterrichts aufgehängt. Dann werden einzelne Mitschüler von ihm aufgerufen, die den Unterricht anhand dieser Bilder erläutern bzw. kommentieren.

10. MOTOR-INSPEKTION

Zu Beginn der Stunde hat der Lehrer 100 Sekunden Zeit, um die Klasse mit einer kurzen Inhaltsübersicht auf die zu erwartenden Lerninhalte vorzubereiten. Dann markiert jeder Schüler auf einer

Folie, wie groß sein Interesse für diese Inhalte ist – und womit er sich gegebenenfalls lieber beschäftigen würde.

11. NOTENKONFERENZ

Der Stundenwächter schreibt ein Zeugnis für den Lehrer, bei dem seine Leistungen in verschiedenen Fächern bewertet werden. Dabei könnte es im Fach Sport um seine Laufleistung während des Unterrichts gehen, in Kunst um seine Gestaltung eines Tafelbildes und in Physik um seine Auseinandersetzung mit den Tücken der Technik. Gegen Ende der Stunde werden diese Einzelleistungen erläutert.

12. EINE PAUSE IN DER STUNDE

Während des Unterrichts unterbricht der Stundenwächter den Lehrer und fordert eine Pause von fünf Minuten. Die Mitschüler haben Gelegenheit, diese unerwartete Auszeit für ein Gespräch mit ihrem Banknachbarn zu nutzen. Danach überprüft der Stundenwächter, worüber sich die Schüler unterhalten haben und welche Rolle dabei das eigentliche Thema der Stunde gespielt hat.

13. POLARITÄTSPROFIL

Der Stundenwächter hat eine Folie vorbereitet, auf der jeweils entgegengesetzte Bewertungen für den Unterricht aufgelistet sind, z.B. „eintönig – abwechslungsreich", „anschaulich – abstrakt", „themenorientiert – schülerbezogen", „anspruchsvoll – kindisch".
Er markiert jeweils mit einem Kreuz, wo er die Stunde zwischen solchen Begriffsgegensätzen ansiedeln würde. Am Ende der Stunde bekommt der Lehrer so ein Feedback.

14. PRÄMIENZIEHUNG

Der Stundenwächter beobachtet während der Stunde sehr genau das Verhalten seiner Mitschüler. Ihn interessiert dabei vor allem, wie engagiert bzw. wie teilnahmslos sie dem Unterricht folgen. Am Schluss der Stunde verteilt er eine Tüte Bonbons unter seinen Mitschülern: Jeder erhält so viele Bonbons, wie es seinem Einsatz während der Unterrichtsstunde entspricht.

15. SCHLANGE STEHEN

Der Stundenwächter verfolgt den Stundenverlauf und notiert möglichst viele Fragen zum Gegenstand des Unterrichts. Die Fragen sollten nur mit „Ja" oder „Nein" beantwortet werden können. Nach dem Ende des Unterrichts bilden die Schüler eine Schlange vor der Tür des Klassenzimmers. Jeder muss eine Frage des Stundenwächters beantworten. Stimmt seine Antwort nicht, muss er sich zum Ende der Schlange begeben und sich dort neu anstellen.

16. STUNDEN-HOROSKOPE

Der Stundenwächter hat zu Hause mögliche Kommentare zum Stundenverlauf auf kleinen Karteikarten notiert, z.B. *„Du wirst dich unglaublich langweilen.", „Du wirst viel Neues erfahren.", „Du wirst dich vor allem mit deinem Nachbarn unterhalten."* Diese Karten verteilt er zu Beginn der Stunde an diejenigen Mitschüler, denen er eine solche Reaktion noch am ehesten zutraut. Nach der Stunde werfen die Schüler ihre Kärtchen in einen JA- oder in einen NEIN-Umschlag – je nachdem, wie treffsicher die anfängliche Prognose war.

17. TELEPROMPTER

Der Stundenwächter schreibt die wichtigsten Stichwörter der Stunde auf einer Folie mit. Dann wird ein Schüler aus der Parallelklasse geholt, dem diese Stichwörter gezeigt werden. Er muss nun versuchen, mit den Stichwörtern den Verlauf der Stunde zu rekonstruieren.

18. TOMBOLA

Die Schüler erfahren zu Beginn der Stunde, um welche Inhalte es gehen soll. Sie notieren einen Namen oder einen Begriff, der in dieser Stunde voraussichtlich fallen dürfte. Am Schluss wird überprüft, wie viele der Begriffe tatsächlich genannt wurden – und wie viele nicht.

19. UNTERM STRICH

Der Stundenwächter verteilt an jeden Schüler eine Karteikarte. Und er sorgt dafür, dass den Schülern am Schluss noch genügend Zeit für eine Lernzielkontrolle bleibt: Wer am 1. eines Monats Geburtstag hat, schreibt einen zentralen Begriff aus dieser Stunde auf seine Karteikarte. Wer am 2. Geburtstag hat, steuert zwei weitere Begriffe dazu und schreibt sie auf seine Karteikarte. Das setzt sich fort, bis zu dem Schüler, der sich an 31 Begriffe erinnern muss.

20. ZETTEL-WAND

Der Stundenwächter übergibt einem Mitschüler zu Beginn der Stunde einen Stapel DIN-A4-Blätter und einen dicken Filzstift. Dieser folgt dem Unterrichtsverlauf, bis der erste wichtige Begriff fällt. Er notiert diesen Begriff, hängt das Blatt an die Tafel und reicht Papierstapel und Stift an den nächsten Mitschüler weiter. So entsteht an der Tafel ein Protokoll der Stunde, zu dem viele Schüler mindestens ein Stichwort beigetragen haben.

15. KLASSENSATZUNG

Für viele Schüler ist die Schulzeit eine unendliche Auseinandersetzung mit immer neuen Verordnungen und Erlassen. Schulgesetz, Schulordnung, Schulverfassung, Hausordnung – sie alle enthalten **Vorschriften und Verbote**, verheißen also allesamt wenig Gutes. Dabei können die Schüler schon in den ersten Schuljahren die Erfahrung machen, dass solche Regelwerke sehr sinnvoll sein können, z.B. wenn

- **eine Schülerin im Pausenhof über ein ausgestrecktes Bein stürzt,**
- **ein Schüler ständig die Wortbeiträge seiner Mitschüler kommentiert und unterbricht oder**
- **einzelne Schüler wegen ihrer Hautfarbe oder ihrer Herkunft innerhalb der Klasse ausgegrenzt werden.**

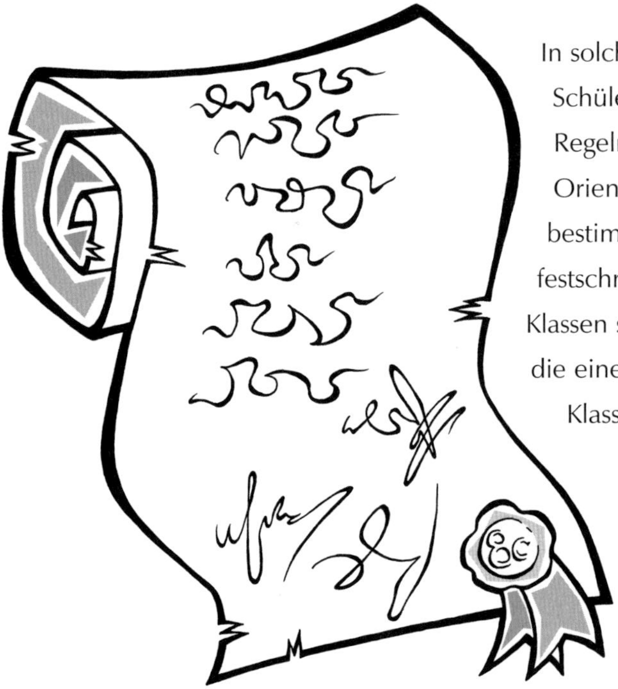

In solchen Fällen erleben die Schüler die Notwendigkeit von Regeln und Normen, weil sie Orientierung bieten und eine bestimmte Verbindlichkeit festschreiben. Und in manchen Klassen sind es die Schüler selbst, die eine solche Ordnung für ihre Klasse einfordern.

SO GEHT'S

Die Klassensatzung ist so etwas wie das Grundgesetz einer Schulklasse. Sie beendet einen Zustand, in dem die Regeln ausschließlich von der Lehrkraft vorgegeben wurden. Es ist Sache der Schüler, über die einzelnen Abschnitte und Paragrafen zu beraten. Viele Bestimmungen gehen aus ganz konkreten Konfliktsituationen hervor. In der Satzung ihrer Klasse finden sich die Schüler wieder, was bis in Wortwahl und Diktion hinein deutlich werden muss.

Oft wird darüber diskutiert, ob in einer *Klassensatzung* auch mögliche Verstöße berücksichtigt und entsprechende Sanktionen festgeschrieben werden sollten. Einerseits sollen die Schüler wissen, dass in der *Klassensatzung* nicht nur wohlfeile Appelle aneinandergereiht werden. Sie dürfen auch nicht den Eindruck haben, als bleibe die Übertretung einer gemeinsam vereinbarten Regel für sie folgenlos.

Andererseits binden solche starren Sanktionsvorgaben die Lehrer und nehmen ihnen die Möglichkeit, persönlichkeits- und fallbezogen zu entscheiden. Die Sanktionierung des Fehlverhaltens folgt dann einem starren Mechanismus, der dem betroffenen Schüler gar nicht gerecht werden kann.

RISIKEN UND REAKTIONEN

Die *Klassensatzung* bildet jeweils nur den aktuellen Verhaltensdiskurs in der Klasse ab. Sie kann vielleicht schon in ein paar Monaten überholt sein. Deshalb muss die *Klassensatzung* den Schülern regelmäßig vorgelegt werden, um gegebenenfalls Korrekturwünsche oder Ergänzungen einzuarbeiten. Veränderungen am Text der Satzung belegen dann nur, wie lebendig und wie kritisch eine Klasse mit sich selbst umgeht.

Klassensatzung für die Klasse 5b

UNSERE KLASSE

- In der Klasse 5b wird jeder Schüler akzeptiert. Niemand darf wegen seiner Herkunft, seines Geschlechts, seiner Religion oder seiner Familiensituation benachteiligt oder beleidigt werden.
- Konflikte werden in der 5b mit Worten und nicht mit den Fäusten ausgetragen. Körperliche Auseinandersetzungen sind nur im Rahmen sportlicher Wettbewerbe erlaubt – soweit es die geltenden Regeln zulassen.
- Wer ein Problem mit einem Mitschüler hat, wendet sich nicht an einen Lehrer, sondern an die Klassensprecher oder einen der Tutoren. Petzen ist in der 5b nicht erwünscht.
- Einmal in der Woche findet eine Tutorenstunde statt, in der es um Probleme in der 5b und um geplante Unternehmungen der Klasse geht.
- Die beiden Klassensprecher vertreten die Klasse nach außen. Sie vertreten nicht ihre eigene Meinung, sondern immer die Meinung der ganzen Klasse. Die Klassensprecher werden nicht zu Ordnungs- oder zu Organisationsarbeiten herangezogen. Sie haben ausreichend Zeit, um die Klasse über die Ergebnisse der Klassensprecherversammlung zu unterrichten.
- Wer Kritik zu äußern hat, kann sich des Kummerkastens bedienen. Der Kummerkasten wird einmal in der Woche geleert, die eingegangenen Briefe werden im Rahmen der Tutorenstunden besprochen.

DER UNTERRICHT

- Für den Unterricht sind Lehrer und Schüler gemeinsam verantwortlich. Von jedem Schüler wird erwartet, dass er den Unterricht mit sachlicher Kritik und mit neuen Ideen begleitet.
- Der Unterricht beginnt jeden Morgen pünktlich um 8.00 Uhr. Wer zu spät kommt, hält andere vom Lernen ab und stört das Klassenklima.
- Die Schüler haben ein Recht darauf, von den Lehrern über deren Unterrichtsplanung informiert zu werden. Die Lehrer verpflichten sich, ihren Unterricht gut vorzubereiten und die Kritik der Schüler ernst zu nehmen.
- Zu Beginn jeder Stunde müssen die erforderlichen Arbeitsmaterialien auf dem Tisch liegen. Dazu gehört auch das Hausaufgabenheft.
- Während des Unterrichts muss es in der Klasse so leise sein, dass jeder Schülerbeitrag verstanden werden kann. Die Schüler informieren den Lehrer, wenn einzelne Beiträge nicht mehr zu verstehen sind.
- Wer etwas sagen möchte, meldet sich zu Wort. Niemand hat das Recht, anderen ins Wort zu fallen. Das gilt ausdrücklich auch für die Lehrer der 5b.
- Bei Gruppen- und Partnerarbeiten lässt niemand die anderen für sich arbeiten.

AUSSERHALB DES UNTERRICHTS

- Die Schüler der 5b haben ihre Pausen verdient. Sie sollten dazu genutzt werden, um sich an der frischen Luft aufzuhalten und bei Spiel und Sport zu bewegen. Aggressive Pausenspiele sind nicht zulässig.
- Die 5b bemüht sich, mit allen anderen Klassen auszukommen und keine Feindschaften entstehen zu lassen.
  Das gilt vor allem für die anderen 5. Klassen.
- Die Klasse organisiert regelmäßig gemeinsame Unternehmungen.
  An diesen Aktivitäten der 5b außerhalb des Unterrichts beteiligt sich in der Regel die ganze Klasse.

UNSER KLASSENZIMMER

- Unser Klassenzimmer soll ein Ort sein, an dem wir uns gerne aufhalten und an dem wir gerne lernen.
- Jeder ist mitverantwortlich, dass sich das Zimmer immer in einem guten Zustand befindet. Jeder sollte mit eigenen Ideen zur Gestaltung des Klassenzimmers beitragen.
- Die Tische und Stühle sind Eigentum der ganzen Schule.
  Wer sie beschmiert, beschädigt fremdes Eigentum.
- Der anfallende Müll gehört in den Abfalleimer oder in den Papierkorb.
  Am Aufsammeln des Mülls beteiligen sich alle – und nicht nur die eigentlichen Verursacher.
- Die Klasse 5b führt ein Schadensbuch, in dem die aktuellen Mängel/ Beschädigungen aufgeführt werden. Daran wirken alle Schüler mit.

BEISPIEL

DIE DIENSTE

- Eine gute Klassengemeinschaft funktioniert nur dann, wenn die Lasten auf alle Schultern verteilt werden. Deshalb werden alle Schüler zu den anfallenden Diensten herangezogen.
- Alle Schüler der 5b unterstützen diejenigen, die einen bestimmten Dienst übernommen haben.
- Der Tafeldienst sorgt dafür, dass sich im Klassenzimmer immer ausreichend Kreide befindet und dass die Schwämme, Tafellappen und Handtücher regelmäßig ausgetauscht werden.
- Der Ordnungsdienst ist dafür verantwortlich, dass sich im Klassenzimmer kein Müll ansammelt, dass der Boden regelmäßig gekehrt wird und dass die Stühle nach Unterrichtsschluss auf die Tische gestellt werden.
- Aufgabe des Materialdienstes ist es, für die Verteilung der Arbeitsblätter zu sorgen und die benötigten Wandkarten zu holen.
- Zwei Schüler sind für die Dauer eines Halbjahres für den „Grünen Dienst“ verantwortlich. Sie kümmern sich um die Pflanzen im Klassenzimmer und um das Aquarium.

16. LERNEN DURCH LEHREN

Sie kippeln mit dem Stuhl, streiten sich mit ihren Nachbarn, brüllen ohne jeden ersichtlichen Grund im Klassenzimmer herum.
Wenn Schüler aus der Rolle fallen, ist das oft ein Hilferuf. Offensichtlich wollen sich gerade die auffälligen Schüler nicht damit zufrieden geben, dass ihnen im Unterrichtsgeschehen nur eine passive Rolle zugetraut wird. So könnten viele Störer zu einem Aktivposten des Unterrichts werden, wenn man sie denn nur ließe.

SO GEHT'S

Voraussetzung wäre ein Rollentausch im Klassenzimmer, wie ihn die Initiative *Lernen durch Lehren* schon seit vielen Jahren propagiert. Hier übernehmen die Schüler einzelne Unterrichtsbausteine in eigener Verantwortung: Sie trainieren den gelernten Wortschatz mit der ganzen Klasse und sie üben grammatikalische Regeln im Tandem ein. Später bilden sie Arbeitsgruppen, die sich die Einführung einer Lektion untereinander aufteilen und jeweils ein Lernmodul ausarbeiten. Dazu steht ihnen ein ganzer Fundus geeigneter Methoden zur Verfügung, dazu können sie aber auch auf Arbeitsblätter, Folien oder Tonkassetten zurückgreifen. Mit dieser Methode machen die Schüler ihren Lehrern eine angestammte Domäne streitig: **Die Vermittlung neuer Lerninhalte**.
Mentor dieser Methode, die inzwischen von zahlreichen Lehrern praktiziert wird, ist der Eichstätter Fachdidaktiker **Jean-Pol Martin**. Er hat sich nicht nur als kreativer Vordenker und Theoretiker einen Namen gemacht, sondern unterrichtet selbst an einem Eichstätter Gymnasium und kann sich somit in jeder Stunde von der Praxistauglichkeit seiner Methode überzeugen.

Martin hat seine Methode für den Fremdsprachenunterricht entwickelt und auf die pädagogische Situation des Gymnasiums zugeschnitten. Inzwischen haben aber auch Lehrer anderer Fächer und Schularten den **Rollenwechsel** im Klassenzimmer vollzogen und damit den Beweis erbracht, dass diese Methode funktioniert.

Offensichtlich bedarf es weder der Autorität noch der wissenschaftlichen Vorbildung eines Lehrers, um den Winkelsatz im Dreieck herzuleiten, die Struktur des Rentenkapitalismus zu erklären oder den Mitschülern beim Ausfüllen einer Banküberweisung zu helfen.

RISIKEN UND REAKTIONEN

Zahlreiche Lehrer, die sich in der Initiative *Lernen durch Lehren* engagieren, haben bedeutende Veränderungen im Verhalten ihrer Schüler beobachtet: Sie hören besser zu und machen besser mit, wenn die klassische Lehrerrolle auf einen Mitschüler übergeht. Einerseits müssen sie damit rechnen, selbst einmal vor der Klasse zu stehen. Deshalb können sie sich sehr gut in die Rolle des Lehrenden hineinversetzen. Andererseits wird hier in ihrer Sprache gesprochen, hat der Lehrende mit ihren Problemen zu kämpfen, nähern sich Lehrende und Lernende einander an. Wenn also die Schüler aus der Rolle fallen, sollte es der Lehrer ihnen nachtun und seine eigene Rolle in Frage stellen. Mit dem Rollentausch im Klassenzimmer sind auch die Rollen der „Störer“ bzw. die des „Zuchtmeisters“ nicht mehr durchzuhalten. Und mit den neuen Rollen wird sich schon bald auch ein anderes Verhalten durchgesetzt haben.

„Wie halten Sie es mit der Disziplin, Professor Martin?“

Ein fiktives Interview

Lernen durch Lehren – das klingt ganz so, als ob der Lehrer allmählich aus dem Klassenzimmer verdrängt werden soll. Welche Aufgaben bleiben ihm denn noch, wenn die Schüler einen so wichtigen Part im Klassenzimmer übernehmen?

⇨ *Er teilt den Stoff in kleinere Abschnitte auf und lässt die Präsentation innerhalb einer Unterrichtsstunde von den Schülern vorbereiten. Bei Bedarf unterstützt er die Schüler. Während der Präsentationen achtet er auf das Gelingen der Kommunikation und interveniert bei Unklarheiten.*

Und die Schüler? Welche Aufgaben innerhalb des Unterrichts werden auf sie im Einzelnen übertragen?

⇨ *Sie moderieren den Unterrichtsablauf. Sie präsentieren den neuen Stoff und sorgen durch einen Wechsel der Arbeits- und Sozialformen für einen motivierenden Unterrichtsverlauf. Die Vorstellung eines Stoffabschnitts durch die Schüler soll 20 Minuten nicht übersteigen.*

Was ist für sie die augenfälligste Veränderung, wenn im Unterricht mit der Methode „Lernen durch Lehren“ gearbeitet wird?

⇨ *Der Lehrer redet weniger. Im Fremdsprachenunterricht z.B. kommen mit dieser Methode bis zu 80% der Äußerungen von Schülern.*

Man könnte den Eindruck gewinnen, das Prinzip „Lernen durch Lehren" eigne sich vor allem für den Einsatz in ruhigen und leistungsstarken Klassen. Lässt sich damit aber auch in schwierigen Klassen arbeiten? Und welche Erfahrungen haben Sie selbst in solchen Klassen gemacht?

⇨ *Als ich diese Methode vor 20 Jahren entwickelte, unterrichtete ich gerade in einer braven Klasse mit nur 13 Schülern.*
Mein Bestreben war einzig und allein, die Schüler zu aktivieren und zum Sprechen zu bringen.
Erst viel später bekam ich eine schwierige 7. Klasse, in der sich „Lernen durch Lehren" hervorragend bewährte, weil die zwar sehr unruhigen, aber sehr kreativen und wachen Schüler tolle Ideen hatten und sie sehr lustig umsetzten.

Schüler neigen nun einmal dazu, miteinander zu schwätzen oder herumzublödeln. Wie kann es einem einzelnen Lehrer gelingen, solche eingeschliffenen Verhaltensweisen zu unterbinden?

⇨ *Man muss einen genauen Überblick über alle Aktivitäten behalten, wie dies beispielsweise auch ein fähiger Unternehmer in seiner Firma tut. Meine Erfahrung ist, dass, wenn Schüler wirklich gefordert sind, sie weniger Lust haben, Unsinn zu machen!*
Außerdem muss der Einzelkampf des Lehrers durchbrochen werden. Wenn ich beispielsweise die 11. Klasse im Team mit anderen Lehrern führen würde, wüsste ich, welche Aktivitäten gerade anstehen. Ferner könnte ich Informationen über die allgemeine Stimmung in der Klasse einholen und würde nicht jede Schwierigkeit auf mich allein zurückführen.

In der pädagogischen Literatur ist von der Unterrichtsdisziplin nur selten die Rede. Wie erklären Sie sich das?

➪ *Dieser Aspekt ist zwar zentral im Leben der Schule, er wird aber kaum zum Thema gemacht: Da Disziplinprobleme sofort auf die Schwächen des Lehrers zurückgeführt werden, ist niemand bereit, eigene Probleme zuzugeben und detailliert zu beschreiben.*

Was würden Sie einem Lehrer raten, der seine Schüler sehr engagiert am Unterricht beteiligt, aber miterleben muss, dass die Motivation der Schüler einbricht und ihn die bekannten Disziplinkonflikte einholen?

➪ *In einer solchen Situation wird vom Lehrer höchste Selbstdisziplin verlangt, denn er muss trotz solcher Widerstände seine Forderungen aufrechterhalten, seine gute Laune und seine Offenheit bewahren, sich vor Selbstmitleid und Gejammere hüten.*
Das geht nur, wenn man sich kurzfristig unabhängig vom Urteil und von der Stimmung der Klasse macht und im Vertrauen auf die Qualität der eigenen Arbeit „durchhält“, bis die Motivation der Schüler wieder da ist.

Die Antworten **Jean-Pol Martins** sind seinen Beiträgen im Internet entnommen und von ihm selbst autorisiert.

17. MIETVERTRAG

Der ganz alltägliche Vandalismus in unseren Klassenzimmern findet tausend Wege, um anonym zu bleiben: Keiner will es gewesen sein, wenn die Tischplatte wieder einmal mit ebenso kryptischen wie unansehnlichen Zeichnungen entstellt wurde. Keiner will dabei gewesen sein, wie die Leuchtstoffröhre aus ihrer Verankerung gerissen wurde. Und keiner will bemerkt haben, wie in den neuen Vorhang ein riesengroßes Loch gebrannt wurde.
Wo die Gewalt anonym bleibt, ist auch die klassische Sanktionspädagogik mit ihrem Latein bald am Ende.

Weder durch stundenlange Verhöre noch durch die Androhung eines Strafgerichts sind die anonymen Täter zu beeindrucken. Der Vandalismus im Klassenzimmer scheint weder Detektiv noch Richter zu fürchten, und deshalb ist gegen ihn bis heute kein probates Mittel gefunden.

Andererseits ist der gewalttätige Umgang mit Ausstattung und Einrichtung auch Ausdruck des Verhältnisses der Schüler zu ihrem Klassenzimmer: Sie erleben das Klassenzimmer als einen „fremden" Raum. Sie können und wollen sich nicht mit einer so gesichtslosen „Lernschachtel" identifizieren. Und sie können wohl nur schwer realisieren, dass ihr Vandalismus letztlich nur ihnen selbst schadet.

SO GEHT'S

Deshalb ist es sinnvoll, hier nicht mit der Sanktionskeule zu drohen, sondern den Schülern ein anderes Verhältnis zu ihrem Klassenzimmer zu vermitteln. Wenn sie erleben, dass der Klassenraum ihre Handschrift trägt und dass sich

hier ihre gemeinsame Geschichte widerspiegelt, wird sich ihre zerstörerische Energie bald totgelaufen haben. Denn sie werden nicht zerstören, was sie selbst gestaltet haben.

Insofern ist jede Aktivität zur Ausgestaltung und zur Verschönerung des Klassenzimmers auch ein Beitrag zum Abbau von Gewalt. Dabei sind die Schüler nicht nur auf eine fachkundige Anleitung, sondern auch auf einen großzügigen Vertrauensvorschuss angewiesen. An der Wiesbadener *Helene-Lange-Schule* z.B. können die Schüler mit einem solchen Vertrauensvorschuss rechnen.

Im Programm der Schule heißt es: *„Für die Gestaltung der Räume und ihre Instandhaltung übernehmen Schülerinnen und Schüler die Verantwortung."*

Diese Delegation von Verantwortung kommt in einem *Mietvertrag* zum Ausdruck, der zwischen den einzelnen Klassen und der Schulleitung geschlossen wird. Und wie es zwischen Mietern und Vermietern üblich ist, legt der *Mietvertrag* fest, dass jede Klasse ihren Unterrichtsraum so hinterlässt, wie sie ihn übernommen hat. Welche Verschönerungen sie in ihrem Klassenraum in der Zwischenzeit vornimmt – das ist ganz allein ihr Problem.

Dabei erwartet die *Helene-Lange-Schule* ein hohes Maß an Eigeninitiative: *„Die Schüler der Klasse und die dort unterrichtenden Kollegen (...) sind auch für die Beseitigung der Schäden, die tägliche Reinigung sowie die Renovierung beim Auszug verantwortlich."*

Tatsächlich geht die Vorstellung, dass hier die Schüler die Aufgaben des Hausmeisters und die des Reinigungspersonals übernehmen, vielen zu weit. Nur so kann aber offensichtlich jene Dienstleistungsmentalität durchbrochen werden, die unter jungen Leuten weit verbreitet ist. Die Verantwortung für den Abfall hinter den Heizkörpern oder für den abgebrochenen Handtuchhalter kann dann eben nicht mehr an andere weitergereicht werden.

RISIKEN UND REAKTIONEN

Der *Mietvertrag* regelt, dass diese Verantwortung an die Klasse zurückfällt. Und das sollte den Schülern Anlass genug sein, ihr Rowdytum einzustellen und sich einen zivilen Umgang mit der Ausstattung und der Einrichtung ihres unmittelbaren Lernumfeldes anzugewöhnen.

Überlassungsvertrag

§ 1 Mietverhältnis

Die Schulleitung der Käte-Strobel-Realschule überlässt der Klasse 9d den Unterrichtsraum 201 mit der dazugehörigen Grundausstattung.

§ 2 Mietdauer

Die Geltungsdauer des Überlassungsvertrags erstreckt sich über zwei Schuljahre.

§ 3 Raumgestaltung

Die Klasse verpflichtet sich, ihren Unterrichtsraum zu einem attraktiven Lernort umzugestalten. Sie wird in diesem Bemühen von ihren Lehrern unterstützt. Dabei steht es ihr frei, den Raum neu zu streichen, sich für einen anderen Bodenbelag zu entscheiden oder das Klassenzimmer mit zusätzlichen Möbeln auszustatten.

§ 4 Wandschmuck

Die Klasse hat das Recht, Poster, Bilder und Objekte aufzuhängen. Es dürfen aber nur selbstgeschaffene Werke zum Einsatz kommen.

§ 5 Reinigung

Die Klasse verpflichtet sich, ihren Unterrichtsraum in Ordnung zu halten. Dazu gehört, dass täglich gekehrt und einmal in der Woche feucht aufgewischt wird. Außerdem sind der Papierkorb und der Mülleimer einmal am Tag zu leeren.

§ 6 Reparaturen

Schönheitsreparaturen müssen von der Klasse selbst geleistet werden. Dazu steht ihr für die Dauer des Mietverhältnisses ein Etat in Höhe von 100 Euro zur Verfügung. Größere Schäden müssen dem Hausmeister gemeldet werden, der deren Behebung veranlasst.

§ 7 Nutzung durch andere Klassen

Die Schulleitung bemüht sich darum, eine Nutzung des Unterrichtsraums durch weitere Klassen zu vermeiden. Sollte das nicht zu leisten sein, so ist die jeweilige Gastklasse verpflichtet, das Erscheinungsbild des Raums nicht zu verändern. Das gilt auch für die Sitzordnung.

§ 8 Kontrolle

Die Klasse erklärt sich damit einverstanden, dass ihr Unterrichtsraum einmal im Halbjahr von Mitgliedern der Schulkonferenz sowie von Vertretern des Schulträgers inspiziert wird.

§ 9 Rückgabe

Nach Ablauf des Mietverhältnisses wird der Klassenraum an die Schulleitung zurückgegeben. Dabei muss sich der Raum in dem Zustand befinden, in dem er von der Klasse übernommen wurde. Das gilt vor allem für die Wände und für den Boden des Klassenzimmers. Auch an der Grundausstattung dürfen keine Veränderungen vorgenommen worden sein.

Ein Ort zum Wohlfühlen

21 Ideen zur Verschönerung des Klassenzimmers – von A (wie Aquarium) **bis Z** (wie Zeitplaner)

- Ein **Aquarium** bringt Leben ins Klassenzimmer – und das ohne Hektik und Lärm.

- **Bälle** zum Sitzen sind viel gesünder als die herkömmlichen Stühle – und schon erstaunlich oft im Klassenzimmer erprobt.

- Eine **Couch** im Klassenzimmer ist bald schon der begehrte Lieblingsplatz aller Schüler – zum Relaxen, zum Träumen und zum Kuscheln.

- Eine **Dartscheibe** vermittelt das Flair eines irischen Pubs und ist vor allem in den Pausen heiß begehrt.

- Plakate mit **Energiespartipps** erinnern die Schüler daran, auf eine Kipplüftung zu verzichten und die Beleuchtung den tatsächlichen Lichtverhältnissen anzupassen.

- Die **Fenster** lassen sich im Rhythmus der Jahreszeiten gestalten.

- **Garderobenhaken** an der Wand nehmen dem Klassenraum jene „Durchgangszimmer-Atmosphäre“, unter der Lehrer wie Schüler gleichermaßen zu leiden haben.

- Eine **Hobbythek** in einer Ecke der Klasse sorgt für den nötigen Ausgleich zum Pauken und Büffeln. Hier können Schüler Spiele und Bücher ausleihen und sich mit Sportgeräten für die große Pause versorgen.

- **Instrumente** im Klassenzimmer können die Stimmung heben. Die Krönung wäre natürlich ein Klavier.

- Mit **Jonglierbällen** sind bewegungsarme Pausen sinnvoll zu überbrücken. Deshalb sollten sie im Klassensatz angeschafft werden.

- Mit einem **Kühlschrank** im Klassenzimmer ist stets für den Nachschub an frischen Getränken gesorgt. Und oft bekommt man das gute Stück sogar geschenkt.

- Eine selbstgestaltete **Litfaßsäule** ist ein attraktiver Blickfang und eine Alternative zu der oft langweiligen Pinnwand.

- Das gute, alte **Mobile** macht keinen Lärm und bringt doch Bewegung in die Klasse.

- Mit dem **Notfallkasten** an der Wand lässt sich Erste Hilfe leisten, ohne dass deshalb gleich die halbe Schule in Trab gesetzt werden muss.

- **Originale** aus Schülerhand machen sich im Klassenzimmer besser als die Poster aus Jugendzeitschriften, und sie sind laut Mietvertrag sogar vorgeschrieben.

- **Pflanzen** beleben die Optik des Klassenraums und tragen zu einem guten Bioklima bei.

- **Quadrate** aus Kork fangen den oft quälend langen Nachhall auf, und sie sind auch von ungeübten Heimwerkern überall leicht zu befestigen.

- **Regale** eignen sich hervorragend als Raumteiler, und sie sind auch der ideale Aufbewahrungsort für Lernmaterialien und Spielutensilien.

- Eine **Sitzgruppe** gehört in jedes Klassenzimmer. Sie bildet einen notwendigen Gegensatz zu den oft langweilig gestellten Tischen und Stühlen.

- **Tafeln** sind gefürchtete Staubfänger, die sich problemlos durch ein Whiteboard ersetzen lassen.

- Eine große **Uhr** über der Tafel kann die Langeweile aus dem Unterricht zwar nicht vertreiben, aber sie erleichtert es manchem Schüler, damit umzugehen.

- Die **Vorhänge** sollten lichtundurchlässig sein, damit sich im Klassenzimmer lange Filmnachmittage oder effektvolle Gespensterstunden veranstalten lassen.

- **Wechselrahmen** ermutigen die Schüler, sich mit Werken aus eigener Produktion im Klassenzimmer vorzustellen.

- Ein **Zeitplaner** an der Frontseite des Klassenzimmers informiert über alle anfallenden Termine – innerhalb und außerhalb des Unterrichts.

18. DAS SCHÜLER-STREIT-SCHLICHTER-PROGRAMM

18

In der antiken Tragödie waren die Zuschauer daran gewöhnt, dass die Lösung immer „von oben" kam. Immer wenn die handelnden Protagonisten nicht weiterwussten, schaltete sich ein „deus ex machina" in das Geschehen ein, um die Gemüter zu besänftigen, um Konflikte zu befrieden oder einfach nur, um Schicksal zu spielen.

Viele Schüler sehen ihre Lehrer in einer ähnlichen Rolle: Als **überparteiliche und allseitig informierte Schiedsrichter**, deren kluges Urteil jeden Streit in Wohlgefallen auflösen kann. An solchen Erwartungen können Lehrer nur scheitern.

SO GEHT'S

Deshalb haben sich zahlreiche Schulen für eine **Streitschlichtung** entschieden, bei der die Rolle des Schiedsrichters von den Schülern selbst übernommen wird. Nach dem Vorbild angelsächsischer Schulen können sich hier einzelne Schüler zu **Streitschlichtern** ausbilden lassen. Sie können dann im Konfliktfall von den beteiligten Parteien eingeschaltet werden, um eine Auseinandersetzung ganz ohne Mitwirkung der Lehrer zu befrieden.

Die guten Erfahrungen, die diese Schulen mit dem *Streit-Schlichter-Programm* gemacht haben, beweisen: Offensichtlich sind Gleichaltrige – also die so genannten „peers" – besser als jeder noch so gut qualifizierte Erwachsene in der Lage, sich in die Situation der beteiligten Schüler hineinzuversetzen und mit ihnen gemeinsam eine Lösung zu erarbeiten.

Eine solche Streitschlichtung durch andere Schüler folgt bestimmten Regeln, die auch für andere Formen der Mediation gelten. Danach

- **müssen die Beteiligten aus freien Stücken dazu bereit sein, sich auf ein Schlichtungsverfahren einzulassen.**
- **müssen die Regeln des Schiedsverfahrens von den streitenden Parteien ausdrücklich akzeptiert werden.**
- **müssen die Streitenden an der Lösungsfindung aktiv mitwirken und sich mit eigenen Vorschlägen in das Schiedsverfahren einbringen.**

- **muss der Schiedsrichter jeweils aus einer anderen Klasse kommen und sich durch Teilnahme an einem Ausbildungsprogramm für diese Aufgabe qualifiziert haben.**
- **muss der Schiedsrichter sich auf die formale Abwicklung des Verfahrens konzentrieren und die inhaltliche Arbeit den streitenden Parteien überlassen.**
- **muss das Schiedsverfahren in eine Vereinbarung münden, die von allen Beteiligten unterschrieben wird.**
- **muss die getroffene Vereinbarung gemeinsam evaluiert und auf ihre Tauglichkeit hin überprüft werden.**

RISIKEN UND REAKTIONEN

Nicht nur viele Schüler, sondern auch viele Lehrer stoßen sich an der starken Formalisierung des *Schüler-Streit-Schlichter-Programms*. Die Erfahrung zeigt, dass aber gerade darin die große Stärke dieses Angebots liegt: Die vielen Regeln machen das Verfahren berechenbar, und sie verhindern, dass sich die aggressiver oder selbstbewusster auftretende Konfliktpartei durchsetzt.
Die Erfahrung zeigt aber auch, dass das *Schüler-Streit-Schlichter-Programm* insgesamt zu einer **Deeskalation der Gewalt** im Schulgebäude führen kann. Wo sich die Spirale der Gewalt zu drehen beginnt, kann mit dem Einsatz von Mediatoren eine alternative Form der Konfliktlösung im schulischen Alltag etabliert werden – und das ganz ohne direkte Beteiligung der Lehrer.

Die Sache mit der Jeansjacke

Stationen einer Schlichtung

Der Anlass Die Hofaufsicht wird auf zwei Schüler aufmerksam, die in eine handfeste Prügelei verwickelt sind: Dragan C. aus der 8c und Timo B. aus der 8d. Es gelingt dem Lehrer zwar, die beiden Streithähne zu trennen, aber er sieht sich außer Stande, diesen Konflikt zu lösen. So bezichtigen sich die beiden Rivalen gegenseitig, mit den Handgreiflichkeiten angefangen zu haben. Aber klären lässt sich das im Nachhinein nicht. Fest steht nur, dass es um Timos Jeansjacke geht, aus der das Emblem des Fußballvereins „TSV 1860 München" herausgeschnitten wurde. Der Aufsicht führende Lehrer empfiehlt, einen Schüler-Streit-Schlichter einzuschalten, und die beiden Kontrahenten erklären sich damit – wenn auch nur zögernd – einverstanden.

Die Vorphase Florian H. aus der 10b engagiert sich schon lange bei den Schüler-Streit-Schlichtern. Er hat sich mit den beiden Streithähnen getroffen und sich zusichern lassen, dass sie sich aus freien Stücken auf ein solches Schiedsverfahren einlassen wollen. Beide haben ein entsprechendes Schiedsformular ausgefüllt und unterschrieben. Die drei wollen sich am kommenden Dienstag um 14.00 Uhr im Zimmer der Schülervertretung treffen.

Die Eröffnung

Die beiden Kontrahenten sind pünktlich, und so kann Florian das Schiedsverfahren zur vereinbarten Zeit eröffnen. Er erläutert noch einmal die wichtigsten Regeln, die für ein solches Verfahren gelten:
Die Beteiligten fallen sich nicht ins Wort, und sie fragen nach, wenn sie etwas nicht verstanden haben. Sie beteiligen sich konstruktiv an einer möglichen Lösung des Konflikts und akzeptieren die Vorgaben des Verhandlungsführers.

Austausch der Standpunkte

Die Münze entscheidet, dass Timo den Anfang machen darf: Er ist bekennender Anhänger des TSV 1860 und muss sich deshalb von seinen Mitschülern so manchen Spott anhören. Als er dann auch noch mit ansehen muss, wie Dragan das Emblem seines Lieblingsvereins aus seiner Jeansjacke herausschneidet, rastet er aus: Er schlägt Dragan, einen Fan des Lokalrivalen Bayern München, und hört damit auch nicht auf, als dessen Nase zu bluten beginnt.
Dann kommt Dragan zu Wort: In dessen Erinnerung ist alles ganz anders gelaufen. Für ihn beginnt der Konflikt damit, dass Timo den bekennenden Bayern-Fans unter seinen Mitschülern ständig die Aufkleber des Traditionsvereins von den Jacken und Taschen herunterreißt. So einer hat einen Denkzettel verdient, denken Dragan und seine Freunde. Und sie lassen sich die Sache mit der Jeansjacke einfallen. Dass daraus dann ein handgreiflicher Konflikt wird, kann er nur bestätigen. Aber jedes Leugnen wäre hier auch zwecklos.

Rekonstruktion der Hintergründe

Durch kluges Nachfragen bekommt Florian heraus, dass der Konflikt der beiden Jungen eine interessante Vorgeschichte hat: Beide spielten lange Zeit im gleichen Fußballverein, bis Timo als Mittelstürmer seiner Mannschaft eines Tages von Dragan abgelöst wurde. Diese Entscheidung des Trainers kann Timo bis heute nicht akzeptieren. Seitdem sind die beiden verfeindet, ohne sich das jemals eingestanden zu haben. Ihre Rivalität als Anhänger unterschiedlicher Fußballklubs ist also nur vorgeschoben.

Sortieren der Konfliktfaktoren

Wie jeder Konflikt wird auch die Auseinandersetzung zwischen Dragan und Timo von Nebensächlichkeiten und gegenseitigen Projektionen geprägt. Florians Aufgabe ist es deshalb, die eigentlichen Konfliktlinien freizulegen. Und das sind:

- **Die Rivalität der beiden als ehemalige Mannschaftskameraden,**
- **das Abreißen bzw. Ausschneiden von Vereinsemblemen und**
- **die tätliche Auseinandersetzung zwischen den beiden auf dem Schulhof.**

Vor diesem Hintergrund ist völlig unerheblich, wer wie über welchen Verein denkt und redet. Solche Konfliktfaktoren werden von Florian ausgemustert, was die Lösung des Streits schon einmal erleichtert.

Brainstorming zur Konfliktlösung

Florian ermutigt die beiden Streithähne, Vorschläge für eine mögliche Lösung des Konflikts zu entwickeln. Er arbeitet dabei mit der Methode des

Brainstormings: Hierbei sind zunächst alle denkbaren Ideen willkommen und seien sie auch noch so verrückt. Keine Idee darf zurückgewiesen oder auch nur kritisiert werden. Denn das würde die Kreativität bremsen. Aus dem Katalog der zusammengetragenen Ideen sucht das Trio anschließend die Vorschläge aus, die konsensfähig sind und zu einer Lösung des Konflikts führen können:

- **Dragan und Timo tragen eine Woche lang die Kluft des gegnerischen Vereins.**
- **Für den entstandenen Sachschaden an Timos Jacke muss Dragan aufkommen.**
- **Die Klassen der beiden Streithähne absolvieren ein Anti-Gewalt-Training.**
- **Timo und Dragan trainieren gemeinsam die Streetball-Mannschaft der 5. Klassen und arbeiten dabei ihre Rivalitäten aus früheren Jahren auf.**

Schlichtungsabkommen und Evaluation

Florian hält die gemeinsam erarbeiteten Vorschläge in Form eines Vertrags fest – so wie er das in seiner Ausbildung zum *Schüler-Streit-Schlichter* gelernt hat. Die drei Beteiligten unterschreiben den Vertrag, und der bzw. die zuständigen Lehrer erhalten eine Kopie. Der Vertrag enthält auch die Bereitschaft, sich nach vier Wochen wieder zu treffen.
Bei einem solchen „Nachsorgetermin" kann überprüft werden, was aus den guten Vorsätzen des Schlichtungsverfahrens geworden ist und wo gegebenenfalls Nachholbedarf besteht.

19. THEMENTAG „GEWALT“

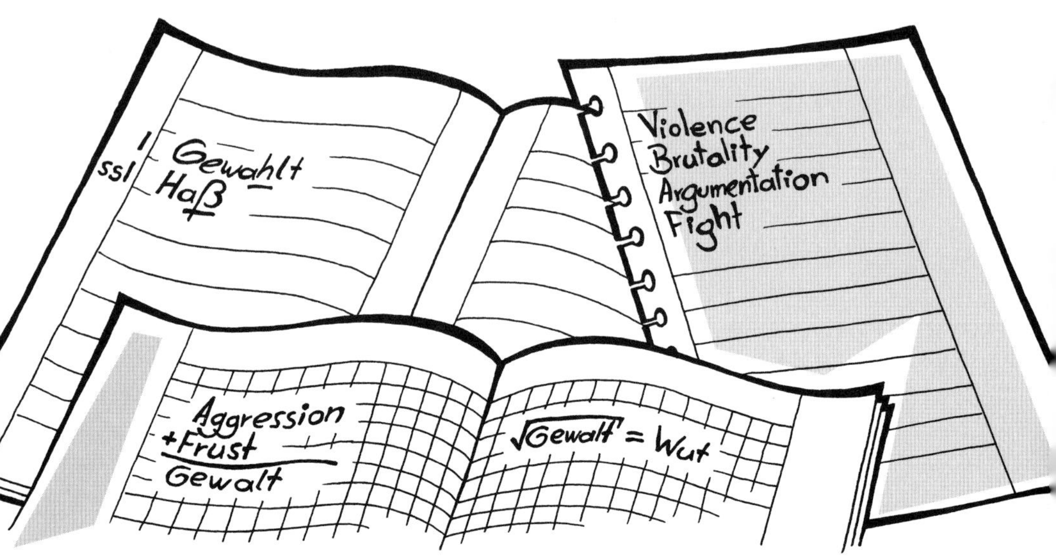

Frau H. gilt an ihrer Schule als eine gestandene Pädagogin, die sich so schnell nicht unterkriegen lässt. In ihrer 9. Klasse weiß sie sich zu behaupten, und sie kommt dabei weitgehend ohne Schulstrafen aus.

Wie viele erfahrene Lehrer hat auch Frau H. ihre Prinzipien. In ihrem Fall bedeutet das: Wenn Gewalt im Spiel ist, dann lässt sie nicht mit sich verhandeln. Und ihre Schüler wissen, dass sie dann jeweils mit einem Eintrag ins Klassenbuch oder mit einem Verweis rechnen müssen.

Natürlich weiß auch Frau H., dass es mit solchen Strafen nicht getan sein kann. Deshalb bemüht sie sich, das Thema „Gewalt“ auch in den Unterricht zu integrieren. Sie möchte, dass ihre Schüler das Thema Gewalt aus verschiedenen Blickwinkeln betrachten, und würde es deshalb gern in verschiedenen Fächern behandeln. Sie hat dafür eine Form gefunden, die mit wenig organisatorischem Aufwand auskommt: den *Thementag*.

SO GEHT'S

Der *Thementag* übernimmt den vom Stundenplan vorgegebenen Rhythmus eines ganz normalen Schultages. An der vertrauten Abfolge der einzelnen Schulfächer ändert sich also nichts. Allerdings beschäftigen sich alle Fächer mit einem bestimmten Thema, dem sie sich jeweils aus der **Blickrichtung ihrer Disziplin** nähern. Die Schüler müssen sich nach 45 Minuten also auf einen anderen Lehrer und ein anderes Fach einstellen, aber größere thematische Brüche bleiben ihnen erspart.

So hat ein Kollege von Frau H. mit seiner Klasse kürzlich einen *Thementag* organisiert, bei dem es ausschließlich um das Thema AIDS ging.
In Geschichte befassten sich die Schüler mit verheerenden Seuchen, im Biologieunterricht ging es um den Mikroorganismus der Viren, im Geografieunterricht beschäftigten sie sich mit der Ausbreitung von AIDS auf dem afrikanischen Kontinent, und im Fach Kunst setzte sich die Klasse mit der Ästhetik und der Wirkung von Präventivkampagnen auseinander.

Um den *Thementag* noch stärker von der Routine des Regelunterrichts abzugrenzen, sollten hier auch Methoden verankert werden, die für die Schüler neu sind und die ihre Eigenaktivität herausfordern: eine Ideenwerkstatt, ein Planspiel, ein Erzählcafé oder eine Exkursion.
Begleitet werden könnte ein solcher *Thementag* auch durch einen Elternabend, durch eine Ausstellung im Schulgebäude oder durch gemeinsame Aktivitäten am Nachmittag. Außerdem sollten die Ergebnisse des *Thementages* in irgendeiner Form festgehalten werden – sei es, dass die Klasse dazu einen Schaukasten im Schulgebäude gestaltet oder dass sie dazu einen Beitrag für die Schülerzeitung verfasst.

RISIKEN UND REAKTIONEN

Frau H. ist davon überzeugt, dass ein *Thementag* zum Thema *„Gewalt"* auch das Gewaltverhalten ihrer Schüler beeinflusst – mehr noch vielleicht als manche Schulstrafe:
Die Schüler lernen **Gewalt als ein gesamtgesellschaftliches Phänomen** kennen, und sie lernen, sich auch in die Perspektive der Opfer hineinzudenken. Und sie erfahren, dass es begründete und erfolgreiche Alternativen zur Gewalt gibt. So kann sie z.B. die „Begegnung" mit der Person *Mahatma Gandhis* nachdenklich stimmen oder die Praxis der Selbstverteidigung lehren, dass jede präventive Bewaffnung überflüssig ist.

Erlasse aus dem Kultusministerium zum Ausbau des interdisziplinären Unterrichts wandern bei Frau H. umgehend in den Papierkorb. Aber mit ihrem *Thementag „Gewalt"* hat sie bewiesen, dass sie davon wirklich etwas versteht.

„Gewalt ist, wenn es weh tut ..."

Thementag einer 3. Klasse (Grundschule)

1. Stunde	Lesen	Gewalt im Märchen
2. Stunde	Sachunterricht	Gewalt in unserem Stadtteil – Ein Polizist zu Besuch in unserer Klasse
3. Stunde	Religion/Ethik	Wir erarbeiten Spielregeln für den Pausenhof
4. Stunde	mündlicher Sprachgebrauch	„Wörter können richtig wehtun!" Wann beginnt die Beleidigung?
5. Stunde	Sport	Spiele ohne Sieger – Spiele ohne Verlierer
19.00 Uhr	Elternabend	Gewalt im Klassenzimmer

Gewalt hat viele Gesichter

Thementag einer 9. Klasse (Hauptschule)

1. Stunde	Religion/Ethik	Mobbing in der Schule
2. Stunde	Mathematik	Gewalt in der Familie – eine Auswertung statistischer Daten
3. Stunde	Kunst	Gewaltdarstellung im Comic
4. Stunde	Erdkunde	Mahatma Gandhi: Gewaltlosigkeit als politisches Prinzip
5./6. Stunde	Sport	Selbstverteidigung im Alltag – ein Schnupperkurs

20. TURBO-AUFSICHT

Das Lehrerzimmer der *Bettina-Von-Arnim-Gesamtschule* ist nicht wiederzuerkennen: Wo sich sonst in der großen Pause einzelne Grüppchen um das Kopiergerät, die Kaffeemaschine oder das Schwarze Brett versammeln, ist heute keine Menschenseele zu entdecken. Alle Lehrer der Schule sind „ausgeflogen“, sind in den verborgenen Nischen innerhalb und außerhalb des Schulgebäudes unterwegs. *Turbo-Aufsicht* nennt man dieses Projekt an der *Bettina-Von-Arnim-Gesamtschule*. Und von seinem Nutzen für das Klima im Schulgebäude muss hier niemand mehr überzeugt werden.

SO GEHT'S

Als an der Schule vor zwei Jahren eine neue Hausordnung beschlossen wurde, war allen Beteiligten klar: Die Zahl der Verbote sollte so gering wie möglich gehalten werden. Denn eine Schule ist nun einmal kein Gefängnis. Wo solche **Verbote** aber unerlässlich sind, da müssen sie auch befolgt und da muss ihre **Einhaltung** auch kontrolliert werden. Das gilt vor allem für die Verbote, im Schulgebäude zu rauchen und das Schulgebäude während der Unterrichtszeit zu verlassen. Deshalb vereinbarten die Kollegen, an bestimmten Tagen während der Pausen „auszuschwärmen“, um an allen nur denkbaren Orten nach möglichen Verstößen gegen die Hausordnung zu fahnden. Der Termin solcher *Turbo-Aufsichten* wurde streng geheim gehalten. Dass sich unter den Schülern der *Bettina-Von-Arnim-Gesamtschule* für diese Aktion inzwischen der Begriff „Razzia“ eingebürgert hat, geht am eigentlichen Anliegen des Lehrerkollegiums vorbei.

Denn die Lehrer sind nicht darauf aus, jeden Verstoß gegen die Hausordnung mit einer Strafe zu ahnden. Sie wollen ganz einfach **Präsenz zeigen** und gleichzeitig die „Problemzonen" innerhalb und außerhalb des Schulgebäudes orten. Präsenz ist die beste Prävention – dieser Grundsatz könnte für viele Bereiche des schulischen Alltags gelten. Wo sich die Lehrkräfte sehen lassen und damit ihr Interesse bekunden, da können sie manchem Fehlverhalten vorbeugen. Wer sich beim Wandertag unter seine Schüler mischt, kann den heimlichen Rauchern in der Klasse das Leben schwer machen. Wer im Schullandheim regelmäßig die Flure der Schüler inspiziert, kann manche Prügelei und sogar manchen Diebstahl verhindern.

RISIKEN UND REAKTIONEN

Mit dieser Methode kommen auch die ungeliebten Aufsichten zu neuen Ehren: Man kann Präsenz zeigen, ohne zum „einsamen Sheriff" zu werden. Immer wieder gibt es Schüler, die die Aufsicht führende Lehrkraft ansprechen, immer wieder gibt es **Gelegenheit zu zwanglosen Kontakten**.
Der übellaunige Aufseher mit dem strengen Blick und dem großen Schlüsselbund – das sollte nicht das einzige Modell pädagogischer Präsenz bleiben. 20
An der *Bettina-Von-Arnim-Gesamtschule* weiß man: Eine solche *Turbo-Aufsicht* muss jeweils sorgfältig ausgewertet werden. Im Rahmen eines Fragebogens halten die beteiligten Lehrer ihre Beobachtungen fest.
Die Schulleitung wertet diese Fragebögen aus und informiert das Kollegium über die Ergebnisse. An der Lehrerkonferenz liegt es dann, daraus die fälligen Konsequenzen zu ziehen: Sei es, dass das System der Pausenaufsicht neu organisiert wird, sei es, dass den Nachbarn der Schule eine Zusammenarbeit angeboten wird. Wenn dann auch die Schüler über solche Ergebnisse informiert werden, werden auch sie das Bemühen ihrer Lehrer um mehr Präsenz auf dem Schulgelände nicht länger als „Razzia" abtun wollen.

Liebe Kolleginnen, liebe Kollegen,

Sie alle haben sich Ihre Pausen verdient. Und wenn es nach uns Lehrkräften ginge, könnten die Pausen gerne ein paar Minuten länger dauern. Umso mehr ist es zu würdigen, dass Sie alle bereit waren, sich am letzten Donnerstag für unsere „Turbo-Aufsicht" zur Verfügung zu stellen. Inzwischen habe ich Ihre Rückmeldungen auswerten können.

Das Ergebnis zeigt, dass es an den folgenden Aufenthaltsorten unserer Schüler zu keinen Verhaltensauffälligkeiten (mehr) kommt:
Galerie, Schulmensa, Pausenkiosk, Jungentoiletten, Schulbibliothek, Schülercafé, Redaktionsraum der Schülerzeitung, Kollegstufenzimmer, Pausenhalle, großer Pausenhof, Basketballfeld, Raucherhof für die Oberstufe, Grünanlagen rund ums Schulgebäude, Lehrerparkplatz, Platz vor dem Haupteingang, Bäckereifiliale, Supermarkt.

Sorgen machen uns „nur" noch die folgenden Orte innerhalb und außerhalb des Schulgeländes:

Spielothek: *Dieser Raum wird nicht mehr zum Spielen genutzt. Hier halten sich vor allem Schüler der oberen Klassen auf, die die Kleinen aus ihrem angestammten Domizil vertrieben haben.*

Mädchentoilette im 2. Stock: *Die Toilette ist immer noch der inoffizielle Rauchertreff für die Schülerinnen der Unter- und Mittelstufe. Inzwischen ist die Toilette sogar mit Standaschenbechern ausgestattet.*

Meditationsoase im Kellergeschoss: *Hier wird nicht mehr meditiert, sondern – ganz im Gegenteil – laute Musik gemacht.*

Fahrradkeller: *Das Aufenthaltsverbot wird hier gründlich missachtet. Beschädigungen an Fahrrädern waren zwar nicht zu beobachten, sind aber durchaus möglich.*

Schulgarten: *Hier sollten nur die Mitglieder der Öko-Gruppe Zutritt haben. Stattdessen tummelt sich hier ein buntes Völkchen und verunstaltet den Garten mit Müll.*

Tiefgarage der Wohnanlage in der Friedrich-Ebert-Straße: *Hier versammelt sich der männliche Teil der Raucherszene.*

Döner Kebab: *Es wurden 14 Schüler gezählt, die das Schulgelände verlassen hatten, um sich hier zum zweiten Frühstück zu treffen.*

Aral-Tankstelle: *Bis zur Tankstelle haben sich nur drei Schüler vorgewagt. Die aber hatten sich bereits mit Dosenbier eingedeckt – ein unhaltbarer Zustand.*

Über die Konsequenzen sollten wir im Rahmen der nächsten Lehrerkonferenz beraten. Schon jetzt aber schlage ich vor, die Beaufsichtigung der Mädchentoiletten, des Fahrradkellers und des Schulgartens zu verstärken. Außerdem werde ich mit dem Hausmeister der gegenüberliegenden Wohnanlage sowie mit dem Pächter der Tankstelle und dem Inhaber des Döner Kebabs sprechen. Die Schulsozialpädagogin hat ein neues Konzept für die Spielothek in Aussicht gestellt. Und die Fachgruppe Religion/Ethik wird sich Gedanken über die Zukunft des Meditationsraums machen.

Präsenz ist die beste Prävention – das war bisher immer unser Grundsatz. Und die Ergebnisse der jüngsten „Turbo-Aufsicht" scheinen die Gültigkeit dieses Prinzips zu bestätigen.

In diesem Sinne darf ich Ihnen noch einmal sehr herzlich für Ihren Einsatz danken.

Ursula Riemann

Schulleitung

Sie schlafen bis in den Vormittag hinein, genehmigen sich anschließend ein ausführliches Frühstück und genießen es, einmal so richtig faulenzen zu dürfen: Ein freier Samstag ist unseren Schülern heilig, und niemand würde es riskieren, ihnen diesen streitig machen zu wollen. Wenn dieselben Schüler aber *einen* ihrer freien Samstage im Jahr für die Schule opfern – dann muss das schon gute Gründe haben.

Der **Zustand vieler Schulgebäude** ist ein solcher Grund. Denn hier treffen die Schüler auf ein Ambiente, das ihnen die Lust am Lernen gründlich verleidet und in dem sie sich einfach nicht wohlfühlen können.

Dieses „Unwohlsein" setzt einen Teufelskreis in Gang, aus dem die Schüler nicht mehr so schnell herausfinden: Sie können sich mit ihrem unmittelbaren Lernumfeld nicht mehr identifizieren und gehen entsprechend aggressiv damit um. Dieser Vandalismus wiederum führt zu einer noch größeren Entfremdung. Und diese unheilvolle Spirale setzt sich immer weiter fort.

SO GEHT'S

Ein *Werktag* kann helfen, diesen Teufelskreis zu durchbrechen: Hier stellen sich nämlich Schüler, Eltern und Lehrer an einem Samstag im Jahr ganz in den Dienst der guten Sache: Sie rücken mit Besen, Pinsel und Maurerkelle an, um das Schulgebäude auf Vordermann zu bringen. Da wird gründlich aufgeräumt, da werden alte Schäden behoben, da bekommt manches einen ganz neuen Anstrich. Da wird ein Zeichen gesetzt – gegen den alltäglichen Vandalismus und für ein Lernumfeld, in dem sich alle wohlfühlen können.

Im Vorfeld eines solchen *Werktages* verständigen sich die Klassenlehrer mit der zuständigen Elternpflegschaft und mit den Klassensprechern auf ein **Sanierungsprojekt**, das gemeinsam angepackt werden soll.
Eine Koordinierungsgruppe sortiert die eingegangenen Projektvorschläge und schließt mögliche Überschneidungen und Doppelarbeiten aus. Neben den einzelnen Klassen können sich auch der Elternbeirat, die Schülervertretung und einzelne Arbeitsgemeinschaften an einem solchen *Werktag* beteiligen. Auch den Schulleiter hat man bei einem solchen Anlass schon in Latzhose oder Blaumann beim Werkeln und Streichen beobachten können.

Die einzelnen Projektvorschläge zeigen, dass es nicht nur darum gehen kann, die unansehnlichsten Ecken im Schulgebäude zu sanieren. Genauso wichtig sind **Neuerungen, die das äußere Ambiente aufwerten und das Schulleben bereichern können**. Dass ein solcher *Werktag* nicht sang- und klanglos abbricht, versteht sich von selbst. Deshalb gehört ein gemeinsames Abschlussfest für alle Beteiligten ganz selbstverständlich zum Programm.

RISIKEN UND REAKTIONEN

Mit dem neuen Outfit ändert sich in der Regel auch das Verhalten der Schüler: Sie gehen mit ihrem Schulgebäude pfleglicher um, weil sie wissen, dass sie sonst auch ihr eigenes Werk beschädigen würden. Deshalb ist ein solcher *Werktag* eine geeignete Antwort auf den ganz alltäglichen Vandalismus, dessen Urheber meist anonym agieren und schon deshalb nicht bestraft werden können. Allerdings darf dieses sinnvolle Unternehmen nicht dazu führen, den zuständigen Sachaufwandsträger der Schule aus seiner Verantwortung zu entlassen: Seine Aufgabe bleibt es weiterhin, größere Schäden zu reparieren, Wände und Decken regelmäßig streichen zu lassen und die nötige Grundreinigung sicherzustellen. Mit ihrem Engagement dienen sich Schüler, Eltern und Lehrer der Kommune nicht als billige Arbeitskräfte an, aber sie werden da aktiv, wo diese ohnehin keinen Handlungsbedarf sieht.

In einigen Schulen hat es sich darüber hinaus eingebürgert, dass sich die Abschlussklassen jeweils mit einem eigenen Beitrag zur Verschönerung des Schulgebäudes verabschieden: Das kann eine neue Sitzecke für den Pausenhof sein oder eine Pergola, die Schulgebäude und Turnhalle miteinander verbindet. Ein Partykeller in der Schule wird von den nachfolgenden Schülergenerationen sicherlich genauso gerne in Anspruch genommen wie ein Billardsalon in der ehemaligen Heizerwohnung. Und auch hier ist jeder Beitrag zu einem attraktiveren Lernumfeld ein gutes Argument gegen Gedankenlosigkeit und Zerstörungswut.

Werktag der Louise-Schröder-Realschule

Gemeinsam für ein schöneres Schulgebäude!

Wer macht mit?	Was ist geplant?
Klasse 5a	Wir machen aus unserem Pausenhof einen Spielhof.
Klasse 5b	Das flüsternde Klassenzimmer.
Klasse 6a	Ein neuer Anstrich für unseren Klassenraum.
Klasse 6b	Unsere Gänge und Flure bekommen Straßennamen.
Klasse 7a	Die Schulbibliothek braucht eine Schmökerecke.
Klasse 7b	Entwurf neuer Piktogramme für unser Schulgebäude.
Klasse 8a	Raus mit der Wandtafel! – Her mit dem Whiteboard!
Klasse 8b	Aus unserem Klassenzimmer wird ein Energiesparzimmer.
Klasse 9a	Wir entfernen die Graffiti im Außenbereich der Schule.
Klasse 9b	Wir entwerfen ein neues Schullogo.
Klasse 10a	Wir bauen Boxen für die Motorradhelme.
Klasse 10b	Aus der Mädchentoilette wird eine Sanitärlandschaft im Dschungel-Look.
Schülervertretung	Ein neues Wandgemälde für unser Schülercafé.
AK Tutoren	Freiluftschach und Riesenmikado.
AK Schulsanitäter	Die Erste-Hilfe-Kästen im Schulgebäude müssen durch den TÜV!
AG Umwelt	Mit einer Recycling-Station mehr für die Umwelt tun.
AG Schulgarten	Wir legen ein Hochbeet an.
Elternbeirat	Eine neue Sitzecke für den 2. Stock.
Förderverein	Ein Ort zum Feiern: Die Partyhütte im Schulgarten.
Schulleitung	Aus dem alten Heizungskeller wird ein Meditationsraum für Lehrer und Schüler.

3. Kapitel

Rituale

Damit die Schule nicht zu einem „Jahrmarkt der Unverbindlichkeiten“ verkommt, ist sie auf **verbindliche Regeln und auf verlässliche Rituale** angewiesen. Manche dieser Rituale haben einen feierlichen Charakter. Dazu gehören die Abschlussfeier, der Schulfasching oder das Ehemaligentreffen. Andere fördern Kontakte zwischen einzelnen Klassen, wie ein Patenschaftsprogramm oder Wichtelaktionen in der Vorweihnachtszeit. Noch wichtiger aber sind die weniger Aufsehen erregenden Rituale, die die Schüler über die Dauer eines ganzen Schuljahres begleiten. So kann sich eine Klasse z.B. darauf verständigen, jede Stunde mit einem bestimmten Eingangsritual zu beginnen. Ein solcher *Sanfter Stundenbeginn* kann den Schülern helfen, sich mental auf eine neue Stunde, ein neues Fach und einen neuen Lehrer einzustellen (s. S. 152–156). Und dafür ist kein großer Aufwand nötig.
Denn wenn ein Ritual sich erst einmal verfestigt hat, wird es für die Schüler zu einer ganz selbstverständlichen Übung.

So kann es sich ein Lehrer aber auch zur Angewohnheit machen, jeweils einen seiner Schüler während des Unterrichts zu beobachten und sich mit ihm am Nachmittag telefonisch darüber auszutauschen (s. S. 148 –151). Der nachmittägliche Anruf löst keine Panikreaktionen aus, wenn die Schüler erst einmal mit der Praxis eines solchen *Monitoring* vertraut sind. Und sie wissen von ihren Mitschülern, dass es sich bei dieser Methode um ein faires und offenes Verfahren handelt.

So kann es sich in einer Klasse schließlich auch einbürgern, dass der Lehrer in Form eines Tagebuchs die erinnerungswürdigen Ereignisse, aber auch die ganz unauffälligen Erscheinungen einer Schulwoche festhält (s. S. 171–177). Ein solches *Unterrichtstagebuch* ist immer präsent. Denn natürlich wollen die Schüler wissen, was dem Lehrer so alles aufgefallen ist und wie er die einzelnen Beobachtungen bewertet. Ob ihre eher unspektakulären Taten und Untaten überhaupt bemerkt wurden und wie der Lehrer sie wahrgenommen hat – das beschäftigt die Schüler die ganze Woche und beeinflusst auch ihr Verhalten.

Unsere Schüler sind Kinder einer Event-Kultur, die durch Aufsehen erregende Taten beeindrucken möchten, von der am Ende aber nur eine gewisse Katerstimmung bleibt. Mit ihren bescheidenen, manchmal auch etwas verstaubten Ritualen bietet die Schule ein Kontrastprogramm dazu an: Hier haben es die Schüler mit Aktivitäten zu tun, die immer wiederkehren und die sie während ihres gesamten schulischen Alltags begleiten. Durch das **Prinzip der Regelmäßigkeit** macht es Sinn, sich auf solche Rituale einzulassen und sie ins Kalkül des eigenen Verhaltens einzubeziehen. Damit können Rituale das Schülerverhalten nachhaltig verändern, während sich der kurzzeitige Effekt einer Schulstrafe schon bald verflüchtigt hat.

22. GRÜNE BRIEFE

In der pädagogischen Farbenlehre hat der Blaue Brief seinen angestammten Platz: Wenn ein Schüler das Klassenziel nicht erreicht hat, werden seine Eltern mit einem solchen Schreiben knapp, aber unmissverständlich über den Beschluss der Lehrerkonferenz informiert.

SO GEHT'S

Der *Grüne Brief* ist schulrechtlich ohne jede Bedeutung. Und er ist auch nicht an die Erziehungsberechtigten, sondern an die Schüler selbst gerichtet. Mit dem *Grünen Brief* teilt ihnen der Lehrer mit, welche Unterrichtskonflikte ihn derzeit beschäftigen und wo er entsprechenden Handlungsbedarf sieht. Einen *Grünen Brief* erhalten z.B.

- **Schüler der unteren Klassen, wenn einer ihrer Streiche die Grenze des guten Geschmacks überschritten hat,**
- **die Mädchen einer 8. Klasse, wenn sie im Schutz des Kollektivs dem Sportunterricht fern geblieben sind und**
- **Schüler der Abschlussklasse, um sie daran zu erinnern, dass der Alkoholkonsum beim Wandertag zu einer Belastung des Klassenklimas geführt hat.**

Mit dem *Grünen Brief* dokumentieren Lehrer, dass sie das Geschehen im Unterricht sehr genau beobachten und dass sie auch nicht wegschauen,

wenn es zu irgendwelchen „Auswüchsen“ kommt. Ein *Grüner Brief* sollte deshalb auch immer in Form einer **Ich-Botschaft** formuliert sein. Hier teilt ein Lehrer seinem Schüler mit: *„Ich habe ein Problem mit dir, und du sollst davon wissen.“* Moralische Appelle *(„Respektiere die gemeinsam beschlossenen Regeln!“)* oder sublime Drohungen *(„Andernfalls könnte das Konsequenzen für dich haben.“)* verzerren das eigentliche Anliegen des *Grünen Briefs*. Am besten wäre es, wenn die Schüler den *Grünen Brief* am Samstagmorgen aus dem Briefkasten angeln. Sie haben dann ausgeschlafen und Zeit, sich mit der Botschaft des Lehrers auseinanderzusetzen.
Dass auch die Eltern neugierig werden und sich nach dem Inhalt erkundigen – solche Begleiterscheinungen können nicht ausgeschlossen werden, sind den betroffenen Schülern aber sehr wohl zumutbar. Manche Lehrer legen dem *Grünen Brief* einen frankierten Rückumschlag bei, sozusagen als unaufdringliche Aufforderung, doch zu antworten. Den Blauen Brief müssen die Eltern unterschreiben. Beim *Grünen Brief* ist de Schülern freigestellt, wie sie damit umgehen wollen.

RISIKEN UND REAKTIONEN

Der *Grüne Brief* profitiert vom Überraschungseffekt. In einer Zeit, in der der Brief als Kommunikationsmittel ausgedient hat, kann er als nostalgisches Überbleibsel in den Familien der Schüler für umso mehr Aufsehen sorgen. Dazu kommt, dass die Schüler diese Aktion ihres Lehrers nur ganz schwer einschätzen können. Sie wissen, dass es hier um ein ganz konkretes Fehlverhalten geht, aber sie wissen auch, dass es sich hier um keine Strafe handelt. Diese Unsicherheit im Umgang mit dem *Grünen Brief* schlägt sich auch in sehr unterschiedlichen Reaktionen nieder: Die einen tun so, als habe sie ein solches Schreiben nie erreicht, während sich andere in einer schriftlichen Antwort ausführlich rechtfertigen.

BEISPIEL

Die Sache mit dem Übungsaufsatz

Ein Grüner Brief und seine Folgen

Liebe/r TRISTAN ,

es ist für dich vielleicht etwas ungewöhnlich, einen Brief von deinem Deutschlehrer zu bekommen. Ich halte den Brief aber für eine angemessene Form, um einen Konflikt aufzuarbeiten, der unser Verhältnis in den letzten Wochen belastet hat.

Sicherlich wirst du dich noch an unsere erste Stunde im Schuljahr erinnern. Ich hatte damals angekündigt, dass ich von euch insgesamt drei schriftliche Hausaufgaben erwarte, und zwar die Übungsaufsätze, mit der ihr euch jeweils auf die anstehenden Klassenarbeiten vorbereiten solltet. Nach wie vor kann ich mir eine effektivere Form der Vorbereitung als einen solchen Übungsaufsatz nicht vorstellen.

Du aber hast keinen Übungsaufsatz abgeliefert!

Ich halte das für sehr unfair – vor allem den Mitschülerinnen und Mitschülern gegenüber, die die ihnen gestellten Aufgaben erfüllt und einen Aufsatz abgegeben haben. Gerechtigkeit bedeutet für mich, dass alle Schülerinnen und Schüler dieselben Rechte und Pflichten haben. Dann aber darf eine Klasse nicht in zwei Lager zerfallen: In das Lager derjenigen, die ihre Hausaufgaben erledigen, und in die Gruppe derer, die so etwas nicht für nötig halten. In einem solchen Zwei-Klassen-System kann sich keine Klassengemeinschaft entwickeln.

Außerdem bist du in der Mittelstufe wohl noch nicht so richtig angekommen: In den unteren Klassen war es üblich, dass die Lehrer eure Hausaufgaben täglich kontrollierten. Wer keine Hausaufgabe vorweisen konnte, bekam in der Liste des Lehrers einen Strich. Und bei drei Strichen war dann meistens eine Strafe fällig. Von erwachsenen Schülern kann man wohl zu Recht erwarten, dass sie sich selbst für ihre Hausaufgaben verantwortlich fühlen. Umso weniger kann ich nachvollziehen, warum du dich dieser Aufgabe nicht stellen willst.

Ich fühle mich durch dein Verhalten aber auch als Person herausgefordert. Wie du weißt, ist mir eine Veränderung von Schule und Unterricht sehr, sehr wichtig. Mit diesem Engagement sind für die Schüler viele Vorteile verbunden: Ich mute euch keine langen Heftdiktate zu, frage euch zu Beginn meiner Stunden nicht ab und verzichte auf jede Form von Strafe. Dadurch alleine aber kann sich Schule nicht verändern.

Das gelingt nur, wenn von euch Schülern eine entsprechende Gegenleistung erbracht wird. Eine solche Gegenleistung wäre es zum Beispiel, die wenigen Hausaufgaben unaufgefordert vorzulegen.

Die Veränderung von Schule und Unterricht fordert nun einmal ihren Preis – von mir als Lehrer ebenso wie von dir als Schüler.

Trotz allem wünsche ich dir ein schönes Wochenende!
Bis Montag,

Dein HARTMUT WAGNER

Soweit der Deutschlehrer in einem *Grünen Brief* an einige Schüler. Diese reagieren sehr unterschiedlich:

- **Tristan** reagiert überhaupt nicht und ist sichtlich bestrebt, sich nichts anmerken zu lassen.
- **Sina** fackelt nicht lange und schickt ihrem Lehrer sofort eine SMS. Dieser SMS ist zweierlei zu entnehmen: 1. Dass sie es „cool" findet, von ihrem Lehrer einen Brief zu bekommen. 2. Dass sie ihr schlechtes Gewissen mit einem dreifachen „sorry" erleichtert und dieser Erleichterung zahlreiche Smileys folgen lässt.
- **Fabiana** antwortet nicht. Stattdessen geht beim Lehrer ein Brief ihres Vaters ein. In diesem Brief versichert er, dass sich so etwas nicht wiederholen und seine Tochter in Zukunft ihren Aufsatz immer termingerecht abgeben werde.
- **Debbie** und **Larissa** bitten den Lehrer bei der nächsten Gelegenheit um ein Gespräch. Die beiden wissen zwar, dass das jetzt nicht mehr viel bringt, aber sie haben am Wochenende die ausstehende Hausaufgabe nachgeholt und wollen ihrem Lehrer so demonstrieren, dass sie sich seinen Appell sehr wohl zu Herzen genommen haben. Im Gespräch stellt sich außerdem heraus, dass es für die beiden besser gewesen wäre, wenn es einen festen Abgabetermin gegeben hätte.
- Das gilt auch für **Gero**: Der hat zwar seit den Grundschultagen keinen Brief mehr geschrieben, aber jetzt nimmt er sich Zeit, um seinem Lehrer in schriftlicher Form zu antworten. Ihm ist es peinlich, an einer so selbstverständlichen Aufgabe gescheitert zu sein. Das lockere Auftreten und der schnoddrige Jargon haben ihn verkennen lassen, dass auch dieser Lehrer seinen Beruf ernst nimmt und dass ihm bestimmte Regeln viel bedeuten. Nur weil er sich Gel ins Haar schmiert und sich ab und zu in der Motorradkluft zeigt, ist er noch lange kein Lehrer der Kategorie *„Alles scheißegal"*. Das scheint Gero an diesem Wochenende gelernt zu haben.

23. DAS KARTENGEHEIMNIS

Das Kartenspiel kann zu einem Paradigma werden, hinter dem sich die Mysterien der menschlichen Existenz auftun. Davon handelt der Roman *„Das Kartengeheimnis“* von *Jostein Gaarder*. Und einige Schüler kennen vielleicht sogar diese faszinierende Geschichte, die sich der Autor von *„Sofies Welt“* ausgedacht hat.
Nicht ganz so mysteriös, aber umso wirkungsvoller gestaltet sich der Umgang mit dem Kartengeheimnis unter den sehr realen Bedingungen der Unterrichtskommunikation.

SO GEHT'S

Der Lehrer bringt ein ganzes Sortiment Karten mit in den Unterricht. Erfahrene Spieler haben an diesen Karten aber nur wenig Freude. Denn dieses Spiel kommt ganz ohne Pik oder Karo, ohne Bube und König aus. Dafür enthält jede Karte einen Hinweis auf mögliche Unterrichtsstörungen – und darauf, wie sie sich vermeiden lassen. So kann eine Karte vor dem Schwätzen im Unterricht warnen und eine andere das fortgesetzte Wippen und Kippeln kritisieren. Immer wenn ein Schüler auffällt, legt ihm der Lehrer eine passende Karte auf den Tisch – als eine ebenso unauffällige wie nachdrückliche **Erinnerung an seine schulischen Pflichten**.
Die Hinweise sind so formuliert, dass sich ihre Botschaft manchem erst allmählich erschließt; landläufige Verbote und Ermahnungen sucht man hier vergebens. So kann eine Karte ein Zitat aus dem *Neuen Testament* enthalten und eine andere die Nachdichtung einer *Keuner*-Geschichte. Fiktive Sprichwörter sind hier ebenso vertreten wie Zitate aus der Werbung. Die einzelnen Karten sollten grafisch attraktiv gestaltet und laminiert werden.

Das Kartengeheimnis erfüllt seinen Zweck vor allem in solchen Klassen, in denen verbale Rügen und Ermahnungen nicht mehr viel ausrichten. Vertraute Disziplinierungsfloskeln wie *„Ruhe!"* oder *„Schluss jetzt!"* haben sich längst abgenutzt und können die Schüler schon deshalb nicht mehr erreichen. **Non-verbale Signale** wie diese Erinnerungskarten **wecken die Neugierde**, stellen einzelne Schüler aber nicht vor der Klasse bloß. Hier findet eine Face-To-Face-Kommunikation statt, kann sich ein letzter Rest Vertraulichkeit gegen das oft denunziatorische Klima im Klassenzimmer behaupten.
Interessant ist es auch, jeweils am Schluss der Stunde festzuhalten, welche Karten vergeben worden sind. Daran lässt sich ablesen, wodurch das Unterrichtsklima besonders belastet ist und an welchen Problemen vordringlich gearbeitet werden sollte.

TAROT

DER STÖRENFRIED

RISIKEN UND REAKTIONEN

Kontraproduktiv kann sich diese Methode auswirken, wenn die betroffenen Schüler die Karten nicht für sich behalten, sondern sie in ihrer Nachbarschaft herumgehen lassen.
So nämlich können die gut gemeinten Karten zu einem **neuerlichen Unruheherd** werden, weil sie herumgereicht, kommentiert oder gemeinsam entschlüsselt werden. Deshalb muss hier von Anfang an die Regel gelten: Das Kartengeheimnis ist eine Angelegenheit zwischen dem Lehrer und einem Schüler, die die Mitschüler nichts anzugehen hat. Jede Karte muss Privatsache bleiben, wenn das Unterrichtsgeschehen darunter nicht leiden soll.

Beispiele für Karten

Erst melden –
dann reden!

Vor 2 200 Jahren wurde
das Papier erfunden.
Und du kritzelst
immer noch deine
Tischplatte voll.

Für Farbenblinde:
Auf dem Fußballplatz
wäre das die Gelbe Karte!

Schweigen
hat den
schönsten Sound!

In der Ruhe liegt
die Kraft.
Und nicht im Schlagen
oder Treten.

Der Klügere
hält sich zurück.
*(altes indianisches
Sprichwort)*

Buch, Heft,
Geodreieck –
wirklich alles an Bord?

GÄÄÄÄÄÄHN!
Zu Hause schläft
es sich besser.

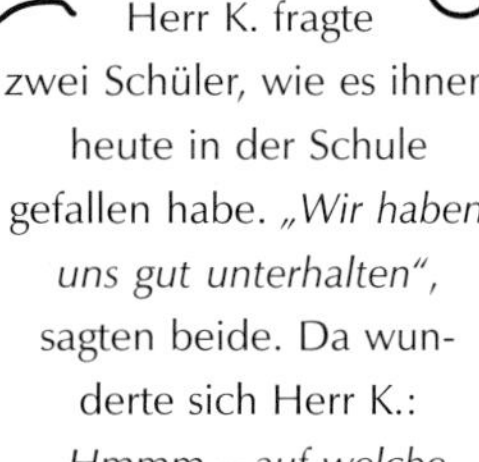

Herr K. fragte
zwei Schüler, wie es ihnen
heute in der Schule
gefallen habe. *„Wir haben
uns gut unterhalten“*,
sagten beide. Da wun-
derte sich Herr K.:
*„Hmmm – auf welche
Kosten?“*

BEISPIEL

Wörter können
richtig wehtun.

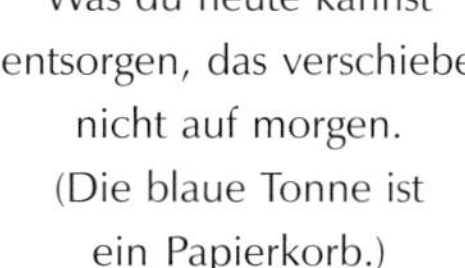

Was du heute kannst
entsorgen, das verschiebe
nicht auf morgen.
(Die blaue Tonne ist
ein Papierkorb.)

Klug ist nicht der,
der alles weiß,
sondern der auch anderen
sein Wissen gönnt.
(Sprichwort)

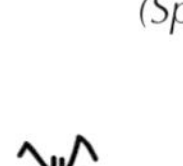

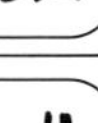

Schwätzen bedeutet:
sich die Zeit
anderer vertreiben.

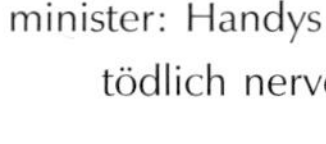

Die EU-Gesundheits-
minister: Handys können
tödlich nerven!

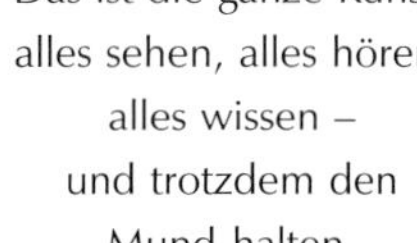

Das ist die ganze Kunst:
alles sehen, alles hören,
alles wissen –
und trotzdem den
Mund halten.

Kein Kippeln,
kein Schaukeln,
kein Wippen:
Alle sechs Beine gehören
auf den Boden.

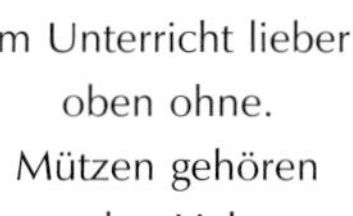

Im Unterricht lieber
oben ohne.
Mützen gehören
an den Haken.

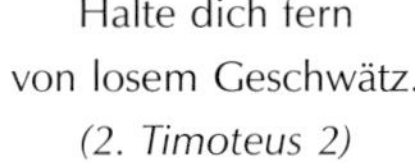

Halte dich fern
von losem Geschwätz.
(2. Timoteus 2)

23

24. KLASSENRAT

Gerade eine demokratische Schule ist auf **verlässliche Rituale** angewiesen. Der Klassenrat ist ein solches Ritual.

SO GEHT'S

Die Schüler einer Klasse setzen sich einmal in der Woche mit ihrem Klassenlehrer zusammen, um aktuelle oder anstehende Probleme zu diskutieren. Dabei geht es vor allem darum,

- **wie aktuelle Konflikte innerhalb der Klasse gelöst werden können,**
- **welche Regeln in der Klasse gelten und wie diese weiterentwickelt werden sollen und**
- **wie das Zusammenleben in der Klasse durch Unternehmungen außerhalb des Unterrichts aufgewertet werden kann.**

Der *Klassenrat* ist nur ein Beispiel dafür, wie Schuldemokratie innerhalb einer Schulklasse praktiziert und in eine verbindliche Form gebracht werden kann. Von einer Dilemmastunde unterscheidet er sich dadurch, dass er einen festen Platz innerhalb des Stundenplans beansprucht und nicht nur ad hoc einberufen wird. Anders als in einer Tutorenstunde werden die Sitzungen des *Klassenrates* von den Schülern selbst geleitet – sei es in der Funktion eines Sitzungspräsidenten, eines Zeitwächters oder eines Schriftführers.

Während das Klassenkonzil eher an eine verfassunggebende Versammlung erinnert und sich auf die Erarbeitung einer Klassensatzung beschränkt, entspricht der Status des *Klassenrates* eher dem **eines Parlaments**.
Dabei muss allen Beteiligten klar sein, dass sich die Schule keinen Gefallen tut, wenn sie die Gepflogenheiten der parlamentarischen Demokratie zu kopieren versucht. Das ist mit dem *Klassenrat* auch gar nicht intendiert. Viel wichtiger ist in diesem Zusammenhang das Gespräch über aktuelle Verhaltensprobleme. Deshalb beansprucht der *Klassenrat* für sich selbst eher eine Gesprächs- als eine Entscheidungskompetenz.

RISIKEN UND REAKTIONEN

Die Einrichtung des *Klassenrates* geht davon aus, dass sich Schüler über einen Verhaltensdiskurs nachhaltiger beeinflussen lassen als durch jede kurzfristig wirksame Schulstrafe. Oft sind sie ja selbst über bestimmte Missstände in ihrer Klasse unglücklich. Das gilt nicht zuletzt dann, wenn selbsterarbeitete und beschlossene Regeln übertreten wurden.
Hier kann man darauf vertrauen, dass sich die Schüler nicht automatisch miteinander solidarisieren, sondern miteinander sehr kritisch, aber auch sehr gerecht umgehen.

Geschäftsordnung

für den Klassenrat der Klasse 8b

1. VORBEREITUNG

- Unser Klassenrat tritt alle 14 Tage zusammen.
- Die Sitzungen finden jeweils am Freitag in der 4. Stunde statt.
- Muss die Sitzung ausfallen, wird sie am darauffolgenden Montag nachgeholt.
- Die Tagesordnung wird vom Klassenlehrer erstellt. Er übernimmt dabei die Vorschläge der Schüler.
- Die Tagesordnung wird spätestens zwei Tage vorher am Schwarzen Brett aufgehängt.
- Um das Gespräch zu erleichtern, werden alle Stühle zu einem Kreis zusammengestellt.

2. ÄMTER

- Der Sitzungspräsident ruft die einzelnen Punkte der Tagesordnung auf und leitet die Diskussion.
- Der Zeitwächter achtet darauf, dass die Diskussion zu einem Tagesordnungspunkt nicht länger als 15 Minuten dauert.
- Der Schriftführer hält die Abstimmungsergebnisse fest und dokumentiert sie auf einem Poster.
- Alle Ämter wechseln von Woche zu Woche.

3. ABLAUF

- Der Sitzungspräsident eröffnet die Sitzung mit Hilfe einer Klangschale.
- Reden darf nur, wer den Sprechstein in der Hand hält.
- Ein Wortbeitrag wird mit einer einfachen Meldung angekündigt, ein Antrag zur Geschäftsführung mit einer doppelten Meldung.
- Jeder Schüler kann einen Antrag einbringen, über den dann auch abgestimmt werden muss.
- Ein Antrag, dem die Mehrheit der Schüler zugestimmt hat, ist angenommen.

4. KONTROLLE

- Zu Beginn einer Sitzung wird jeweils berichtet, was aus den beim letzten Mal beschlossenen Anträgen geworden ist.

Klassenrat der Klasse 3b (Grundschule)

Darüber wollen wir am Freitag sprechen:

1. Petzen ist nicht schön. Wie können wir es schaffen, dass in der 3b keiner mehr petzt?
2. Einige Mädchen sind sauer, weil sie immer wieder mit schlimmen Ausdrücken beschimpft werden. Darüber müssen wir reden.
3. Die Pausen sind zur Erholung da. Durch das viele Streiten geht aber jede Erholung flöten. Was sollen wir tun?
4. Am 24. Juni findet das Sommerfest unserer Schule statt. Mit welchem Stand wollen wir uns diesmal beteiligen?

Präsidentin: Rosa

Zeitwächterin: Tezer

Schriftführer: Maxi

Klassenrat der Klasse 7c (Hauptschule)

Darum soll es beim Klassenrat gehen:

1. Nur Chaos bei der Freiarbeit.
2. Aktion saubere Tischplatte.
3. Keine Gnade mit den Grapschern.
4. Ebbe in der Klassenkasse.
5. Neue Trikots für die Klassenmannschaft

Präsident: Marco

Zeitwächter: Moritz

Protokollantin: Ludmilla

Klassenrat der Klasse 10a (Gymnasium)

Vorgeschlagene Tagesordnung:

TOP 1: Laut und nervig – Wie kann in Mathe endlich Ruhe einkehren?

TOP 2: Kein Herz für Bummelanten – Wie können wir das Zuspätkommen am Morgen eindämmen?

TOP 3: Volk ohne Buch – Wie soll der Literaturunterricht funktionieren, wenn die meisten ihre Klassenlektüre nicht dabei haben?

TOP 4: Nesthocker und Nestflüchter – Soll unser Klassenzimmer in den Pausen geschlossen bleiben?

TOP 5: Die Leiden der Raucher – Wer darf in den Raucherhof?

Leitung: Hanne **Zeitnehmer:** Felix

Protokoll: Roman **Gast:** Frau Kunze (Schulleitung)

Klassenrat der Klasse 11 Bau/II (Berufsschule)

Top oder Flop?

TOP 1: *„Mehr gedichtet als berichtet."* Immer mehr Betriebe sind mit der Führung der Berichtshefte unzufrieden.

TOP 2: *„Nur mal eine rauchen gehen …"* Sollen die Doppelstunden jeweils durch eine Pinkelpause unterbrochen werden?

TOP 3: *„Für den kleinen Durst zwischendurch."* An das Alkoholverbot in der Mittagspause scheint sich niemand mehr zu halten.

TOP 4: *„Blaumachen gilt nicht."* Warum immer mehr Schüler dem Unterricht unentschuldigt fernbleiben.

Präsidium: Philipp und Benny

Zeitmanager: Carsten

Schriftführer: Yilmaz

25. MONITORING

Im Mittelpunkt steht gewöhnlich das Negative. Wenn ein Lehrer einen Schüler nach dem Unterricht zu sich bestellt, dann muss dieser schon etwas angestellt haben. Und wenn er am Nachmittag bei seinen Eltern anruft, dann verheißt auch das nichts Gutes. Beim *Monitoring* dagegen sucht der Lehrer auch dann das Gespräch, wenn ihm bei einem Schüler nur positive Verhaltensweisen aufgefallen sind. Ob positiv oder negativ – im Fokus steht hier immer der Schüler.

SO GEHT'S

Der Lehrer sucht sich vor jeder Stunde einen bestimmten Schüler aus, um ihn während des Unterrichts zu beobachten und ihm anschließend seine Eindrücke mitzuteilen. Er achtet während der Stunde z.B. darauf, ob der Schüler seine Arbeitsmaterialien bereitgelegt hat, wie sorgfältig er sich am Verbessern der Hausaufgabe beteiligt oder wie engagiert er dem Unterrichtsgeschehen folgt.

Er beobachtet das Verhalten des Schülers im Kontakt zu den Mitschülern und im Unterrichtsgespräch. Natürlich lässt er sich davon nichts anmerken und gewinnt so ein **aussagekräftiges Bild** von der Präsenz des Schülers im Unterricht.

Am späten Nachmittag greift der Lehrer dann zum Hörer und ruft seinen aktuellen Kandidaten an. Nach einer Schrecksekunde, die man jedem Schüler zugestehen sollte, hat dann zunächst dieser das Wort: Der Lehrer bittet ihn um ein Feedback zur heutigen Unterrichtsstunde. So kann der

Schüler bei dieser Gelegenheit auch seine Kritikfähigkeit unter Beweis stellen. Dieses **Feedback** macht deutlich, dass sich Lehrer und Schüler beim *Monitoring* auf einer Augenhöhe bewegen. Wer austeilt, muss auch einstecken können – das ist das ungeschriebene Gesetz des *Monitoring*. Anschließend erfährt der Schüler, welche Verhaltensweisen der Lehrer an ihm beobachtet, was ihn gefreut und was ihn geärgert hat. Kein Gespräch sollte beendet werden, ohne dass sich beide Seiten auf gewisse Verhaltenskorrekturen verständigt haben. Wenn sich dann der Schüler nach ein paar Wochen einem neuerlichen *Monitoring* zu stellen hat, kann überprüft werden, wie ernst es ihm dabei gewesen ist.
Es sollte gewährleistet sein, dass Lehrer und Schüler bei ihrem nachmittäglichen Austausch wirklich ganz unter sich sind. Mit einem Schüler, der dabei von seinem versammelten Familienclan umringt wird, lässt sich kein vernünftiges und vor allem kein ehrliches Gespräch führen.
Die Bitte *„Kannst du dafür sorgen, dass du alleine im Raum bist?"* mag von den aufgeregten Eltern als Unhöflichkeit empfunden werden. Aber sie gewährleistet, dass aus dem *Monitoring* **kein Tribunal** und keine Beschimpfung vor versammeltem Publikum wird.

RISIKEN UND REAKTIONEN

Vom *Monitoring* profitieren Schüler und Lehrer in gleicher Weise: Der Schüler erhält eine **sorgfältige Rückmeldung über sein Verhalten** während des Unterrichts. Und der Lehrer ist gezwungen, sich auch mit den Unauffälligen und Stillen in der Klasse zu beschäftigen. Weil jeder die Möglichkeit haben muss, sich einem solchen *Monitoring* zu stellen, bekommen auch die „Mauerblümchen" in der Klasse eine Chance. Denn erst wenn alle Schüler beobachtet wurden, kann diese Inspektionsreise durch eine Schulklasse von Neuem beginnen.

Alles über Melanie

Monitoring in einer 8. Klasse

Melanie: *Ja?????*

Frau Pechtl: *Hier ist Pechtl, Andrea Pechtl.*

Melanie: *Oh Gott! Wirklich?*

Frau Pechtl: *Ja, Melanie, heute hat es dich erwischt: Ich habe dich heute während der Geschichtsstunde beobachtet – so wie ich das in jeder Stunde mit einem Schüler tue. Ist dir das aufgefallen?*

Melanie: *Nicht direkt. Aber ein komisches Gefühl hatte ich schon.*

Frau Pechtl: *Dann hätte ich von dir zunächst gerne ein Feedback über diese Stunde. Was hat dir gefallen, was hat dich gelangweilt?*

Melanie: *Das Thema der Stunde hat mich eigentlich nicht interessiert. „Der Soldatenkönig" – wenn das im Fernsehen gekommen wäre, hätte ich weitergezappt. Aber es war lustig, als unsere Jungen exerzieren mussten – so wie im alten Preußen. Und als Sie Niko und Lars gemustert haben – als unsere langen Jungs …*

Frau Pechtl: *… langen Kerls – so hießen die unter Friedrich Wilhelm I. Vielen Dank für dieses Feedback, Melanie. Auch in meinen Beobachtungen mischen sich Lob und Kritik.*

Melanie: *Ich bin richtig gespannt.*

Frau Pechtl: *Zunächst hat es sehr lange gedauert, bis du in dieser Stunde wirklich angekommen bist. Du hast fast eine Viertelstunde gebraucht, bis deine Mathesachen weggeräumt waren und dein Geschichtsheft auf dem Tisch lag.*

Melanie: *Das ist bei mir eigentlich immer so.*

Frau Pechtl: *Du bist eine interessierte und lebendige Schülerin, wenn du etwas zu tun hast. So warst du mit Feuereifer bei der Sache, als ihr euren ganz persönlichen Preußenfaktor berechnen solltet.*

Melanie: *Klar. Das war doch wie der Psycho-Test in der BRAVO.*

Frau Pechtl: *Du hast dir hier auch richtig Mühe gegeben und dich nicht nur auf das Allernötigste beschränkt. Ganz anders habe ich dich erlebt, als ich euch die Anekdoten aus dem Tabakskollegium vorgelesen habe. Da hatte ich den Eindruck: Die Melanie hört eigentlich gar nicht zu. Mit dem Zuhören hast du größere Probleme als mit der schriftlichen Bearbeitung von Aufgaben.*

Melanie: *Das habe ich bisher noch nicht gemerkt, aber Sie haben wahrscheinlich Recht. Wahrscheinlich wäre es besser, wenn ich mir immer ein paar Notizen machen würde – dann wäre auch das Zuhören für mich kein Problem mehr.*

Frau Pechtl: *Das glaube ich nämlich auch. Wenn du schon von mir nichts zu tun bekommst, dann musst du dir eben selbst solche Aufgaben stellen. Wie gesagt: Wenn du aktiv sein kannst, dann blühst du regelrecht auf. Dann meldest du dich übrigens auch.*

Melanie: *(kichert) Und dann merke ich oft erst, welches Fach wir überhaupt haben. Deshalb die Mathesachen auf meinem Platz …*

Frau Pechtl: *Dann will ich dich nicht länger aufhalten. Aber du weißt, dass ich dich in den nächsten sechs Wochen noch einmal in der Geschichtsstunde beobachte und dass ich dann wieder bei dir anrufe. So wie heute. Dann werden wir sehen, ob dieses Gespräch etwas geändert hat. Ich würde mich freuen. Dann tschüss, Melanie, bis Mittwoch!*

Melanie: *Tschüss – und danke für Ihren Anruf.*

26. SANFTER STUNDENBEGINN

Die Geschichte der Pädagogik kennt viele Rituale für die Eröffnung des Unterrichts:

- **Da hatten die Schüler lange Zeit aufzuspringen, wenn der Lehrer die Klasse betrat, um ihn mit einem zackigen *„Guten Morgen!"* zu begrüßen.**
- **Da hatten sie sich in der Stille zu sammeln, um den Unterricht mit einem gemeinsam gesprochenen Gebet beginnen zu lassen.**
- **Oder da vereinigte sich die ganze Klasse zum Morgenkreis, um sich in trauter Runde auf den neuen Tag einzustimmen.**

Heute können wir froh sein, dass die Schüler zu Unterrichtsbeginn auf ihren Plätzen verweilen können und dass das Morgengebet aus dem Klassenzimmer verbannt wurde. Gleichzeitig hat sich hier ein Vakuum aufgetan, das die Situation im Klassenzimmer belastet. Denn viele Schüler tun sich schwer damit, den Start in den Vormittag, den Übergang zwischen Pause und Unterricht oder den Wechsel zwischen den Fächern zu bewältigen. Oft sind sie in Gedanken noch ganz woanders, und oft dauert es sehr lange, bis sie endlich im Unterricht angekommen sind. Der harte Stundenbeginn überfordert ihre Flexibilität und lässt sie oft mit mangelnder Konzentration oder mit störenden Verhaltensweisen reagieren.

SO GEHT'S

Um solchen Belastungen des Unterrichtsklimas vorzubeugen, sollten solche harten Schnitte vermieden werden. Die Schüler brauchen Zeit, um sich **mental auf eine andere Lernsituation einzustellen**. Sie haben deshalb Anspruch auf einen *Sanften Stundenbeginn*. Im Rahmen verlässlicher Rituale können sie mit dem, was hinter ihnen liegt, abschließen. Und sie können sicher sein, dass der Unterricht erst dann beginnt, wenn sie sich gesammelt haben und wenn sie dazu in der Lage sind, sich auf ein neues Thema oder eine andere Methode einzulassen.

RISIKEN UND REAKTIONEN

Natürlich geht durch einen *Sanften Stundenbeginn* wichtige Unterrichtszeit verloren. Dieses Zugeständnis rechnet sich aber, denn die Schüler arbeiten anschließend besser mit, produzieren sich seltener als Störer und gehen friedfertiger miteinander um.
Außerdem ist die 45-Minuten-Stunde ohnehin nur eine fiktive Größe: Von einem Schüler kann nun einmal nicht verlangt werden, über eine so lange Zeitspanne volle Konzentration zu zeigen. Er wird sich also ohnehin eine Auszeit nehmen und sich stillschweigend aus dem Unterrichtsgeschehen abmelden. Da macht es mehr Sinn, diese Zeit in einen *Sanften Stundenbeginn* zu investieren. Nicht zuletzt profitieren davon auch die Lehrer. Denn auch die haben sich ein paar Minuten des Sammelns und des Durchschnaufens verdient.

10 Vorschläge für einen *Sanften Stundenbeginn*

1. ACHTUNG AUFNAHME!

In jedem Fernsehstudio spielt die rote Lampe eine wichtige Rolle: Sie signalisiert den Mitwirkenden, dass sie auf Sendung sind und deshalb alle Nebengeräusche zu unterdrücken haben. Ähnliches ist auch im Klassenzimmer denkbar: Wenn der Lehrer hier eine rote Lampe einschaltet, kann der eigentliche Unterricht beginnen. Dann muss es wirklich ganz leise sein – so wie in einem Studio.

2. DIE AUFRECHTEN

Dieses Ritual ist den Schülern leicht zu vermitteln, denn seine Funktion leuchtet auch ihnen ein: Wenn ein Schüler die Arbeitsmaterialien der letzten Stunde weggeräumt und die neuen ausgepackt hat und wenn er bereit ist, sich ganz auf eine neue Stunde und auf ein neues Thema zu konzentrieren, dann stellt er sich neben seinen Platz. Hier geht es nicht darum, den Lehrer mit einer ehrerbietigen Geste willkommen zu heißen, sondern die eigene Bereitschaft zur Mitarbeit zu dokumentieren.

3. CHECKLISTE

Gerade innovativer Unterricht ist auf viele Materialien angewiesen. Mit Schulbuch und Heft allein ist es hier noch nicht getan. Damit die Schüler den Überblick behalten, projiziert der Lehrer zu Beginn der Stunde eine Checkliste der benötigten Arbeitsmaterialien an die Wand. Die Schüler wissen dann sehr genau, was sie alles für die nächste Stunde auspacken müssen und können sich schon einmal mental auf das neue Fach einstimmen.

BEISPIEL

4. CUM TEMPORE

Viele Stunden beginnen nicht mit einem prickelnden Thema oder mit einer spannenden Methode, sondern mit reiner Verwaltungstätigkeit. Da müssen Klassenarbeiten eingesammelt oder da muss der Termin für die nächste Exkursion abgeklärt werden. Da wird kassiert, abgehakt und nachgefragt. Deshalb kann es durchaus Sinn machen, den Unterricht jeweils zehn Minuten später beginnen zu lassen. Die verbleibenden 35 Minuten sind dann den eigentlichen Lerninhalten vorbehalten.

5. DECRESCENDO

Zu Beginn der Stunde legt der Lehrer eine CD auf. Solange die Schüler laut sind, sind die Regler auf Zimmerlautstärke gestellt. Wenn der Lautstärkeregler ganz langsam zurückgefahren wird, beeinflusst das auch das Verhalten der Schüler: Auch sie werden mit der Zeit leiser und legen ihre anfängliche Aufgedrehtheit ab. Ausgeschaltet wird die Musik erst dann, wenn es in der Klasse wirklich ganz leise ist. Zugegebenerweise ein Trick – aber wenigstens einer, der auch funktioniert!

6. GRÜNE AMPELN

Jeder Schüler verfügt über eine „grüne Ampel“. Diese besteht aus einer Karteikarte im DIN-A5-Format, die in der Mitte geknickt und an einer Seite mit einem grünen Markierungspunkt versehen wird. Wenn ein Schüler alle Vorbereitungen abgeschlossen hat und dem Unterricht mit der gebotenen Konzentration folgen kann, stellt er seine Ampel so vor sich auf, dass der Lehrer den grünen Punkt sehen kann.

7. KLANGSCHALE

Ab wann es im Klassenzimmer zu laut ist – darüber lässt sich zwischen Lehrern und Schülern trefflich streiten. Denn offensichtlich ist die Lautstärke ein sehr subjektives Phänomen. Die Klangschale aber kann diesen Streit entschärfen: Der Unterricht darf erst dann beginnen, wenn ihr verhaltener Ton in allen Ecken des Klassenzimmers wahrzunehmen ist.

8. NEUE PAUSENREGELUNG

Kinder brauchen Pausen. Das wird der Schule von den Lernpsychologen immer wieder vorgehalten, ohne dass sich hier wirklich etwas geändert hätte. An manchen Schulen beginnt der Unterricht allerdings schon um 7.45 Uhr. Zum Ausgleich für das frühe Aufstehen wird den Schülern zwischen den Stunden jeweils eine 5-minütige Pause zugestanden – Zeit genug, um ein Thema mental abzuschließen und sich auf ein neues Stoffgebiet einzulassen.

9. SCHULE OHNE GONG

Dem Diktat des 45-Minuten-Takts entziehen sich manche Schulen, indem sie den Pausengong abschalten. Hier ist es den einzelnen Klassen überlassen, den Beginn und das Ende der Unterrichtsstunden in eigener Verantwortung zu regeln. Der Unterricht kann hier deshalb erst dann beginnen, wenn sich alle Schüler auf das Unterrichtsgeschehen eingestimmt haben. Und er endet erst dann, wenn ein Thema wirklich abgeschlossen ist.

10. ZWISCHENPAUSE

Doppelstunden können für Schüler und Lehrer zur Qual werden. Denn nur die wenigsten sind in der Lage, sich 90 Minuten lang voll auf das Unterrichtsgeschehen zu konzentrieren. Deswegen sollte zwischen zwei Stunden jeweils eine 3-minütige Pause eingeschoben werden, um sich zu strecken, sich mit der Banknachbarin zu unterhalten oder um frische Luft ins Klassenzimmer zu lassen. Danach kann mit neuer Power durchgestartet werden.

27. DIE STOPPUHR

Heute ist in der 6c kein Durchkommen mehr. Schon als die Arbeitsmaterialien für das neue Kunstprojekt verteilt werden, ist die Lautstärke im Werkraum nicht mehr zu bändigen. Und daran ändert sich auch nichts, als die Schüler mit dem Arbeiten beginnen. Es ist kaum noch möglich, sich innerhalb der Klasse verständlich zu machen. Auch der Lehrerin bleibt nichts anderes übrig, als sich mit fortgesetztem Schreien gegen diese Wand aus Aufgedrehtheit und Ignoranz durchzusetzen.

Szenen wie diese spielen sich täglich tausendfach in deutschen Klassenzimmern ab: Die **Lautstärke** erreicht hier ein Niveau, das jedes wirkliche Gespräch verhindert. Und die Schüler machen keine Anstalten, sich wenigstens etwas zurückzunehmen. Nach der Einschätzung vieler Lehrer ist eine solche Situation nur mit der Androhung von Strafen zu entschärfen. Nur so scheint sich die Aufgedrehtheit der Schüler zurückfahren zu lassen. Die *Stoppuhr* verfolgt einen ähnlichen Zweck, ohne dass dabei einzelne Schüler als Straftäter stigmatisiert werden. Eine solche *Stoppuhr* haben fast alle Sportgerätefachhändler im Programm. Gedacht ist sie ursprünglich für sportliche Wettbewerbe, aber auch im Klassenzimmer leistet sie gute Dienste.

SO GEHT'S

Die *Stoppuhr* wird an einer zentralen Stelle im Klassenzimmer aufgestellt und kann von allen Plätzen aus gut gesehen werden. Immer wenn die Lautstärke im Klassenzimmer wieder einmal aus den Fugen gerät, setzt der bedrängte Lehrer die *Stoppuhr* in Bewegung. Auch Schüler, die durch lautstarke Appelle nicht mehr zu erreichen sind, reagieren auf dieses **non-verbale Signal**:

Sie stellen das Schreien und Brüllen ein und warten darauf, dass die *Stoppuhr* wieder angehalten werden kann. Dazu ist der Lehrer aber erst dann bereit, wenn wirklich Ruhe eingekehrt ist. Am Ende der Stunde wird registriert, welche **Ausfallzeiten** angefallen sind und wie oft der Unterricht durch die *Stoppuhr* unterbrochen werden musste. Die Ergebnisse werden auf einem Poster festgehalten und an der Pinnwand ausgestellt. So kann die Klasse überprüfen, wie sich ihre **Unterrichtsblockaden** innerhalb der letzten Schulstunden entwickelt haben. Gleichzeitig können die Einzelergebnisse durch den Lehrer oder durch einen Schüler interpretiert werden.

RISIKEN UND REAKTIONEN

Die Erfahrung zeigt, dass sich gerade aufgedrehte Schüler durch die *Stoppuhr* beeindrucken lassen – und das, obwohl damit keinerlei positive oder negative Sanktionen verbunden sind.

Lehrer und Schüler lernen **mögliche Belastungsfaktoren** des Unterrichtsklimas kennen. Sie entdecken, wann und warum der Unterricht manchmal aus dem Ruder läuft. Und erst auf dieser Basis kann solchen Entwicklungen wirksam vorgebeugt werden.

STOPP !!!

Wann, wie lange und warum bei uns im Unterricht manchmal nichts mehr geht:

Datum	Ausfallzeit	Urteil der Schüler	Urteil der Lehrerin
7. Januar	24 Sek.	Das ist eher der Durchschnitt. So richtig laut war es nur, als wir uns den Videofilm angeschaut haben. Denn da wollten alle in der ersten Reihe sitzen.	Nach den Ferien sind sie immer unruhig, aber nur selten richtig laut. Ich hätte die Uhr auch länger laufen lassen können. Die 24 Sekunden sind deshalb eher geschönt.
12. Januar	93 Sek.	Wir waren so aufgedreht wie selten. Das lag daran, dass wir Gruppenarbeit überhaupt nicht gewöhnt sind und deshalb viele total aufgedreht waren.	Das Ergebnis spricht für sich. Ich bin nicht nur auf die Klasse sauer, weil sie so laut war, sondern auch, weil sie die Gruppenarbeit für ihre Albernheiten missbraucht hat.
14. Januar	8 Sek.	Das ist ein Bilderbuchergebnis! Die Stunde war zwar nicht besonders spannend, aber wir wollten diesmal unbedingt besser abschneiden. Deshalb haben alle auf die Stoppuhr geschaut.	Im Chaos der letzten Stunde sind die hohen Ausfallzeiten kaum beachtet worden. Als ich die Schüler heute noch einmal daran erinnert habe, waren doch einige betroffen. Und diese Betroffenheit hat bis zum Stundenende angehalten.

27

19. Januar	37 Sek.	Am Anfang der Stunde war es eindeutig zu laut. Das kann mit dem Schneeball zu tun gehabt haben, den Simon mit ins Klassenzimmer gebracht hat. Da waren einfach alle aus dem Häuschen. Allmählich wurde es dann aber besser.	Diese Ausfallzeiten gehen ganz allein auf mein Konto. Ich habe den Schülern zu wenig Zeit gelassen, um mit der Pause und dem Erlebnis des ersten Schnees endlich abzuschließen. Erst als ich aus der Haut gefahren bin, nahmen sich die Schüler wieder zusammen.
21. Januar	0 Sek.	Weil unsere Lehrerin heute Geburtstag hat, haben sich alle zusammengerissen. Wir wollten ihr an ihrem Ehrentag keinen Kummer bereiten. Und ich glaube: Sie hat sich wirklich darüber gefreut, dass die Stoppuhr heute keine Sekunde gelaufen ist.	Ein voraussehbares Ergebnis – und trotzdem ein schöner Erfolg. Ich habe den Schülern heute keinen Lernstoff zugemutet, sondern sie zu einem biografischen Quiz eingeladen. Eine andere Methode, ein anderes Thema – so sind sie leise zu bekommen.
26. Januar	7 Sek.	Seit der letzten Stunde ist unser Ehrgeiz geweckt: Wir wollen, dass das Ergebnis vom letzten Mal kein Einzelfall bleibt. Deshalb haben heute alle aufeinander aufgepasst – und dafür gesorgt, dass es nie so richtig laut wurde.	Die Stoppuhr verliert dann ihren Wert, wenn die Ergebnisse sich ähneln. Wenn die Ausfallzeiten immer um die 30 Sekunden liegen, sind die Schüler für die Stoppuhr kaum noch zu interessieren. Deshalb hat das Traumergebnis vom letzten Mal einfach nur gut getan.

BEISPIEL

28. Januar	88 Sek.	Das war ein regelrechter Absturz. Als die Stoppuhr die 60-Sekunden-Marke überschritten hatte, war uns sowieso alles egal. Irgendwie war heute einfach der Wurm drin – und wir können nicht einmal sagen, warum.	Heute kam alles zusammen: Ich war schlecht in Form, der Stoff langweilt die Klasse und den Schülern steckte die Klassenarbeit in Englisch noch in den Knochen. Die Stoppuhr zeigt deshalb ein ehrliches Ergebnis. Aber ein solcher Ausreißer muss immer drin sein.
2. Februar	14 Sek.	Eigentlich war das eine Stunde ohne Höhepunkte – weder besonders langweilig noch besonders interessant. Aber wir haben wohl gelernt: Es darf nie so laut werden, dass überhaupt nichts mehr läuft. Mit diesen 14 Sekunden können wir jedenfalls sehr gut leben.	Fast hätte ich heute vergessen, die Stoppuhr aufzustellen. Aber die Schüler haben mich noch rechtzeitig daran erinnert, trotz der schlechten Zeit vom letzten Mal. Offensichtlich haben sie den Ehrgeiz, an die positive Entwicklung der vorhergehenden Stunden anzuknüpfen. Jedenfalls verlief diese Stunde heute für alle sehr entspannt.

28. TABULA

Reden statt Strafen – das könnte die Formel sein, mit der sich der Teufelskreis aus Aggression und Repression durchbrechen ließe. Allerdings trifft dieses Angebot auf eine Generation von Schülern, der die Jugendforschung eine „neue Maulfaulheit" attestiert: Auch wer beim täglichen Fernsehkonsum auf Talkrunden oder Gerichtsshows fixiert sei, erweise sich als „erörterungstaub", wenn es um seine eigenen Angelegenheiten gehe. Ausdruck dieser neuen Maulfaulheit ist offensichtlich auch die Neigung vieler Schüler, sich immer derselben **Redewendungen und Floskeln** zu bedienen und sich damit einem ernsthaften Diskurs zu entziehen. Die Schüler wiederum können mit einer ganz ähnlichen Beobachtung aufwarten: Sie berichten davon, dass auch viele ihrer Lehrer Zuflucht in eine solche **Floskelsprache** nehmen und dass es ihnen deshalb so schwer falle, mit den jungen Leuten ins Gespräch zu kommen.

Ein wirklicher Verhaltensdiskurs scheint deshalb nur dann möglich, wenn solche sprachlichen Floskeln ausgespart bleiben. Mit Hilfe einer *Tabula* könnte das gelingen.

SO GEHT'S

Wie es die ursprüngliche Bedeutung dieses lateinischen Wortes nahe legt, handelt es sich hier zunächst um eine Tafel. Diese Tafel hängt nicht an der Wand, sondern wird im Klassenzimmer aufgestellt. Eine solche Standtafel findet sich in den Kellergewölben fast jeder Schule.

Gleichzeitig erinnert der Name aber auch daran, dass es hier um „Tabus" geht, genauer: um jene **Sprachhülsen**, die den Dialog von Schülern und Lehrern belasten, bevor dieser überhaupt beginnen kann. Fällt den Schülern eine solche Formulierung bei ihren Lehrern auf, wird sie auf der Tafel notiert – und das jeweils in großen Buchstaben. Stören sich im Gegenzug die Lehrer der Klasse an solchen immer wiederkehrenden Floskeln ihrer Schüler, werden auch diese aufgeschrieben – das aber in kleinen Buchstaben.
Mit der Zeit entsteht damit ein Mosaik von Äußerungen, auf die man in Zukunft verzichten sollte.

RISIKEN UND REAKTIONEN

Mit der *Tabula* lässt sich das Gespräch in der Klasse entrümpeln und gleichzeitig neu beleben. So kann es sein, dass eine Seite auf eine bestimmte Formel nicht verzichten will, weil sie von deren Wahrheitsgehalt überzeugt ist. Mancher Lehrer wird sich z.B. ungern vorhalten lassen, er flüchte sich immer wieder in die Bemerkung: *„Dazu haben wir keine Zeit."* 28
Schließlich stehen viele Lehrer tatsächlich gewaltig unter Druck, weil sie

große Stoffmengen zu bewältigen oder viele ausgefallene Schulstunden aufzuholen haben.

Andererseits ist manche Klasse davon überzeugt, dass die Aufforderung *„Greifen Sie doch mal durch!"* nicht nur eine billige Floskel ist. Tatsächlich leiden viele Schüler unter dem Geräuschpegel im Klassenzimmer und sehen deshalb ihre Lehrer in der Pflicht.

Dennoch werden beide Seiten zugeben müssen, dass sie sich von mancher sprachlichen Unart ganz schnell verabschieden sollten. So macht es keinen Sinn, die Schüler mit Drohungen einzuschüchtern, die nur so dahingesagt sind *(„Das wird Folgen haben.")*. Und auch die ritualisierten Entschuldigungsformeln der Schüler *(„Heute ist nicht mein Tag.")* haben sich bald schon verbraucht.

Die *Tabula* spiegelt aber nicht nur sprachliche Unarten wider, sie bildet auch **wechselseitige Lernprozesse** ab: Wenn eine bestimmte Äußerung aus der Unterrichtskommunikation verschwunden ist, kann sie wieder gelöscht werden. So wird für Schüler und Lehrer nachvollziehbar, dass die gemeinsame Arbeit am Sprachverhalten auch Früchte trägt und dass die Sprache im Klassenzimmer allmählich wieder „gehaltvoll" wird.

BEISPIEL

Aus der Tabula einer 10. Klasse: *„Ihr werdet schon sehen!"*

„Ihr werdet schon sehen!"	*„Ich habe doch nur …"*	*„Typisch Lehrer!"*	*„Immer ich."*
„Null Bock."	*„Das höre ich zum ersten Mal."*	***„Ich will doch nur euer Bestes."***	***„Das wird noch Folgen haben."***
„Du mal wieder!"	***„Dazu haben wir keine Zeit."***	*„Heute lieber nicht."*	*„Greifen Sie doch mal durch!"*
„Heute ist nicht mein Tag."	*„Mir egal."*	***„Wer war das?"***	*„Das ist doch Ihr Job."*
„Gleich."	***„Ihr müsst mich auch verstehen."***	***„Schluss mit lustig!"***	*„Ja, ja …"*
„Ich kann auch anders!"	*„Scheiß-Schule."*	*„Uuuuuups."*	***„Das habt ihr jetzt davon."***

29. DER TADEL

Ein *Tadel* im Klassenbuch – für die Generation der Großeltern und Urgroßeltern waren damit große Ängste und viele Tränen verbunden. Denn so erfuhren alle Lehrer der Klasse, dass es Ärger gegeben hatte. Auch wenn die Betroffenen keine unmittelbaren Konsequenzen zu fürchten hatten, der *Tadel* machte sie zu Tätern und weihte das ganze Lehrerkollegium in ihre unrühmliche Geschichte ein.

Der moderne *Tadel* setzt nicht auf das Prinzip der öffentlichen Zurschaustellung und passt deshalb auch viel besser in einen fast privaten Rahmen. Hier soll niemand vorgeführt, wohl aber mancher eines Besseren belehrt werden. Von einem solchen *Tadel* profitieren vor allem die Fachlehrer der

Klasse, denen es an Zeit und an Vertrautheit fehlt, um mit einzelnen Schülern in ein ernsthaftes Gespräch einzutreten. Ihr Kontakt mit der Klasse ist auf wenige Unterrichtsstunden beschränkt und sie wissen kaum etwas von der besonderen Befindlichkeit einzelner Schüler. Hier ist der **Klassenlehrer** in der Regel **der bessere Ansprechpartner**: Er verbringt einen großen Teil seiner Stunden in der Klasse. Er kann beim Wandertag oder während der Klassenfahrt ein **besonderes Vertrauensverhältnis** aufbauen. Und er kennt auch die Eltern der Schüler, weiß wahrscheinlich sogar über deren häusliche Situation Bescheid. Mit dem *Tadel* reicht der Fachlehrer einen Teil seiner Verantwortung an den Klassenlehrer weiter – und das im besten gegenseitigen Einvernehmen.

SO GEHT'S

Bahnt sich zwischen einem Schüler und seinem (Fach-)Lehrer ein Disziplinkonflikt an, kann dieser ihm einen *Tadel* erteilen. Dieser wird im Klassenbuch vermerkt und kurz begründet. Innerhalb einer Woche verabreden sich dann der betroffene Schüler und sein Klassenlehrer zu einer **Dilemmastunde**. Hier versuchen beide, dem Disziplinkonflikt auf den Grund zu gehen und ein konstruktives Lösungskonzept zu entwickeln. Auch in einer Dilemmastunde verhandeln beide auf einer Augenhöhe. Nichts sollte an eine Strafpredigt oder gar ein Tribunal erinnern.

Am Beginn einer Dilemmastunde steht deshalb immer die Frage: *„War dieser Tadel gerecht?“* Und es ist kein Unglück, wenn der Schüler diese Gelegenheit nutzt, um seinen angestauten Frust loszuwerden. Später geht es dann aber vor allem darum, solchen Disziplinkonflikten in Zukunft vorzubeugen (*„Was kann ich an meinem Verhalten in Zukunft ändern?“*). Dazu bemüht sich der Klassenlehrer im Gespräch mit dem Schüler um eine Rekonstruktion des

Konflikts. Hier werden die eigentlichen Beweggründe aufgedeckt und Belastungen des Schülers identifiziert. Gleichzeitig versuchen beide, Verhaltensregeln zu entwickeln, mit denen der Schüler ebenso gut leben kann wie der beteiligte Fachlehrer.

Die Dilemmastunde sollte nicht länger als eine Schulstunde dauern. Anschließend verfasst der Schüler über die Ergebnisse des Gesprächs ein **Protokoll**, das vom Klassenlehrer gegengelesen und an den Fachkollegen weitergegeben wird.

RISIKEN UND REAKTIONEN

Im Zusammenhang mit dem *Tadel* stellt sich zunächst ein Vermittlungsproblem: Die wenigsten Schüler trauen der aufrechten Absicht dieses Rituals und sehen darin eher ein verstecktes Nachsitzen. Für sie zählt zunächst die Tatsache, dass die Betroffenen eine zusätzliche Stunde für die Schule opfern und darüber hinaus auch noch ein Protokoll schreiben müssen. Das empfinden wohl die meisten als Strafe.

Dennoch sollte man sich von solchen Vorurteilen nicht entmutigen lassen: Nach den ersten Dilemmastunden wird sich schon bald herumgesprochen haben, dass hier niemand auf dem Arme-Sünder-Bänkchen Platz nehmen muss und dass die Betroffenen als **gleichwertige Konfliktpartner** ernst genommen werden. Hilfreich kann es auch sein, einzelne Protokolle in der Klasse zu veröffentlichen, um „mögliche Verdachtsmomente" zu entkräften. So können die Schüler nachvollziehen, dass hier niemandem eine Falle gestellt werden soll.

Das Herumtrödeln in den Griff bekommen

Protokoll der Dilemmastunde am 12. Juni

TOP 1:

Warum habe ich einen Tadel bekommen?

Ich bin innerhalb der letzten 14 Tage viermal zu spät zum Unterricht erschienen. Es handelte sich zwar immer nur um ein paar Minuten. Aber Herr Graf fühlte sich dadurch gestört, weil er seinen Unterricht immer pünktlich beginnt und es als störend empfindet, wenn ich in den Unterricht hineinplatze. Er hat mir deshalb einen Tadel erteilt und ihn ins Klassenbuch eingetragen.

TOP 2:

War dieser Tadel gerecht?

Einerseits war dieser Tadel gerecht. Denn mir ist erst heute so richtig klar geworden, warum sich Schüler und Lehrer durch mein Zuspätkommen so genervt fühlen: Sie müssen ihre ganze Konzentration zusammennehmen, um mit dem Unterricht zu beginnen. Wenn ich dann aber nach ein paar Minuten erscheine und mir umständlich einen Sitzplatz suche, ist die ganze Konzentration wieder verflogen.
Andererseits ist Herr Graf wirklich der einzige Lehrer weit und breit, der seinen Unterricht pünktlich beginnt. Ich bin einfach daran gewöhnt, dass man sich am Morgen ein paar Minuten Zeit lassen kann, und das Umstellen fällt mir schwer. Außerdem beginnt der eigentliche Unterricht auch bei Herrn Graf erheb-

29

lich später. In den ersten Minuten werden auch hier organisatorische Dinge besprochen. Versäumt habe ich hier deshalb nicht wirklich viel.

TOP 3:

Was kann ich an meinem Verhalten in Zukunft ändern?

Mein Hauptproblem ist nicht, dass ich zu spät aufstehe oder dass ich mir mit dem Frühstück zu viel Zeit lasse. In der Regel treffe ich zehn Minuten vor Unterrichtsbeginn in der Schule ein. Mein Problem ist, dass ich hier von anderen Schülern aufgehalten werde und dass ich mich nur allzu gerne aufhalten lasse. Da gibt es immer einen, mit dem man noch quatschen muss. Und da ist immer jemand, mit dem man noch eine Zigarette rauchen kann. In der Regel hänge ich dann noch einmal zehn Minuten vor der Schule herum. Ich vertrödele die Zeit und merke es kaum. Und das ist genau die Zeit, die mir später fehlt. Weil sich die anderen ebenfalls Zeit lassen, fällt mir mein Zuspätkommen gar nicht auf.
Ich sehe ein, dass das nicht so weitergehen kann. Und ich werde mich deshalb in Zukunft darum bemühen, mich morgens nicht aufhalten zu lassen. Denn dieselben Leute kann ich ja auch in den Pausen oder nach Unterrichtsschluss treffen. Und sie werden das bestimmt auch verstehen, wenn ich vor der Schule „kurz angebunden“ bin. Ich will schließlich an mir arbeiten und mein Zuspätkommen in den Griff bekommen.

Björn H. *(Schüler)*

Anne W. *(Klassenlehrerin)*

UNTERRICHTSTAGEBUCH

Aus dem Kanon der Gebrauchstexte hat sich das Tagebuch längst verabschiedet. Und viele Schüler können sich nicht vorstellen, was andere Generationen veranlasst haben könnte, ihre Erlebnisse und Eindrücke Tag für Tag einer solchen intimen Kladde anzuvertrauen. Ganz so intim ist das Unterrichtstagebuch nicht, dafür hat es alle Chancen, bald zum heimlichen Bestseller der Schüler aufzusteigen.

SO GEHT'S

In einem *Unterrichtstagebuch* hält der Lehrer fest, wie er die Klasse im Verlauf einer Woche erlebt hat – und das ebenso subjektiv wie selektiv.

Die Einträge konzentrieren sich meist auf folgende Themen:

- **kleinere und größere Ereignisse des Schulalltags,**
- **welche Themen die Schüler interessieren und welche sie nur noch langweilen und vor allem,**
- **wie sich die Disziplin in der Klasse entwickelt und wie die Schüler auf einzelne Erziehungsmaßnahmen reagieren.**

Wer damit begonnen hat, ein solches *Unterrichtstagebuch* zu führen, wird diese Praxis bis zum Ende des Schuljahres durchhalten müssen. Denn die Schüler würden ihm etwas anderes nicht durchgehen lassen. Sie erleben das *Unterrichtstagebuch* als ein so **attraktives Medium**, dass sie darauf nicht mehr verzichten wollen. Deshalb sehen sie es ihrem Lehrer gerne nach, wenn er die Klassenarbeit erst verspätet herausgibt oder die Elternbriefe zu Hause vergessen hat. Eine Woche ohne *Unterrichtstagebuch* aber würden sie ihm nie verzeihen. Und noch nach vielen Jahren ziehen beim Klassentreffen einige verschämt die alten *Unterrichtstagebücher* aus der Tasche, um daraus in vertrauter Runde vorzulesen.

RISIKEN UND REAKTIONEN

Tatsächlich lässt sich das Schülerverhalten durch ein regelmäßig geführtes *Unterrichtstagebuch* wirksamer steuern als durch jede Schulstrafe. Das hängt vor allem mit der **Zeitverschiebung** zusammen: Einzelne Störungen oder Signale, die sonst in der Aufgedrehtheit eines Schultages verloren gehen, werden hier eine Woche später in Erinnerung gerufen und noch einmal zur Diskussion gestellt. Das Briefchen, das von Tisch zu Tisch wandert, wird vom Lehrer nicht eingezogen, aber die Schüler müssen damit rechnen, davon einige Tage später im *Unterrichtstagebuch* zu lesen. Eine faire Geste beim Mannschaftssport bleibt in der Stunde selbst unerwähnt, aber im *Unterrichtstagebuch* wird sie später angemessen gewürdigt.

Durch die Zeitverschiebung werden den Schülern ihre Verfehlungen und Leistungen aus der **Distanz** heraus vorgeführt. Und das scheint ihre Einsicht zu fördern.

Eine Woche später denken sie über eine Beleidigung oder über eine Sachbeschädigung ganz anders, als wenn sie unmittelbar zur Rede gestellt worden wären.

Das *Unterrichtstagebuch* bleibt ein gemeinsames Medium des Lehrers und seiner Klasse. Deshalb muss es auch vor neugierigen Eltern oder Kollegen geschützt werden. Dazu erhält jeder Schüler einen **Codenamen**. Dafür kommen Gestalten aus der antiken Mythologie ebenso in Frage wie die großen Namen der Opernwelt. Und so dauert es meist einige Wochen, bis die Schüler ihre Identität geklärt und sich an ihren neuen Namen gewöhnt haben. Das *Unterrichtstagebuch* wird jeweils in der ersten Stunde einer neuen Woche vorgelesen. Anschließend können die Schüler dazu Stellung nehmen. Oft verzichten sie aber darauf, so als wollten sie ihrem Lehrer signalisieren: Wir haben verstanden.

Aus meinem Unterrichtstagebuch:

Meine Woche in der 7d

Montag, 1. Stunde:

START IN DIE NEUE WOCHE

Ich bin heute früher gekommen als sonst, um die Stühle zum Wochenkreis aufzustellen. Auch Penelope und Theseus haben sich im Klassenzimmer eingefunden. Die beiden lümmeln auf den Tischen herum, machen aber keine Anstalten, mir bei den Vorbereitungen zu helfen. Für die beiden ist das guter Service, für mich ein eher demütigendes Erlebnis. Beim Vorlesen des *Unterrichtstagebuchs* ist die muffige Stimmung bald verflogen. Und wir alle haben den Eindruck, dass eine richtig gute Woche hinter uns liegt.
Unser eigentliches Thema ist heute aber der bevorstehende Wandertag. Artemis und Theseus leiten die Diskussion als Klassensprecher ebenso zügig wie umsichtig. Mit großer Mehrheit entscheiden wir uns für einen zweitägigen Wandertag – Übernachtung in einem Selbstversorgerhaus inbegriffen. Nur Poseidon belastet die gute Stimmung mit seinen abwertenden Äußerungen über die Mädchen der Klasse. Über diesen Ausrutscher ärgern sich sogar die Jungen.

Dienstag, 3. Stunde:

ITALIEN – EIN GESPALTENES LAND

Seit kurzem steht im Erdkunde-Fachraum ein altes Sofa herum. Kaum habe ich den Raum aufgeschlossen, da haben es sich hier auch schon Ares, Nausikaa, Alkmene, Theseus und Helena bequem

gemacht. Und nur mit viel gutem Zureden sind die fünf davon zu überzeugen, wieder auf ihre Plätze zurückzukehren.
Für den Wettbewerb um die Lage italienischer Städte habe ich jetzt einen attraktiven Preis: Eine Runde auf dem Sofa. Und das wirkt: Theseus strengt sich so an wie noch nie und kann bald als stolzer Gewinner auf diesem Traum aus Kitsch und Sperrmüll Platz nehmen.
Während der gesamten Stunde macht irgendein albernes Briefchen in der Klasse die Runde. Ich sage nichts und ärgere mich später dann doch darüber, nicht reagiert zu haben. Denn diese Form der gar nicht so stillen Post nervt einfach nur.

Mittwoch, 1. Stunde:

HAUPTSATZ UND NEBENSATZ

Noch wichtiger als dieser Ausflug in die Syntax des Deutschen ist Aphrodites Geburtstag. Sie erweist sich als großzügige Gastgeberin und hat für jeden ein Tütchen mit Süßigkeiten gepackt. Ich revanchiere mich mit einem Geburtstagskaktus – es ist inzwischen der zwölfte, der auf unserem Fensterbrett steht. Leider beginnt dann aber ein unschöner Wettlauf: Theseus, Hermes, Herakles und Ares wollen mir beweisen, dass sie mit dem Thema der Stunde nichts anfangen können. Deshalb sind sie ständig ins Gespräch vertieft, haben immer etwas zu kichern. Ich will die vier Störer übertönen und werde immer lauter und lauter. Am Schluss brülle ich nur noch und bemerke gar nicht, wie das einigen in der Klasse auf die Nerven geht. Nach der Stunde gesteht mir Iokaste, dass ihr mein Brüllton inzwischen Kopfschmerzen bereitet. Und ich bereue es, das Quartett der Störer nicht rechtzeitig ruhig gestellt zu haben.

Mittwoch, 2. Stunde:

NEBENSÄTZE BESTIMMEN

Es kann nur besser werden. Nach den schlechten Erfahrungen der ersten Stunde muss ich Konsequenzen ziehen. Deshalb kommt jetzt die *Stoppuhr* zum Einsatz. Und die Schüler wissen, was das zu bedeuten hat: Von jetzt ab werden alle Ausfallzeiten gemessen.
Und am Schluss der Stunde werden wir alle wissen, wie viel Zeit uns durch die Unruhe im Klassenzimmer verloren gegangen ist.
Die Klasse scheint diese Botschaft verstanden zu haben. Denn sie ist bemüht, den Zeitausfall möglichst gering zu halten. Auch Theseus, Hermes, Herakles und Ares geben sich sichtlich Mühe, ihr Verhalten in der letzten Stunde wettzumachen. Und so sind es am Schluss dann doch nur 34 Sekunden, die wir verloren haben. So lässt sich auch mit einem trockenen Thema überleben.
Aber wie so oft kann ich mich heute ganz auf die stille Kirke verlassen: Sie ist nicht gerade eine Koryphäe in meinem Fach. Aber wenn es um Fragen der Grammatik geht, da blüht sie auf und bestreitet das Unterrichtsgespräch fast ganz allein.

Donnerstag, 3. Stunde:

DIE MACHT DER MAFIA

Alarmstufe rot: Theseus und Agamemnon haben heute in der Pause das Schulgelände verlassen, um sich in der Bäckereifiliale mit Nachschub zu versorgen. Noch bevor sie ihre Käsestangen und Nussschnecken in sich hineinstopfen können, hatte sie Frau S. schon entdeckt: Sie sieht in ihrem Verhalten einen klaren Verstoß gegen die Hausordnung, den sie mit einem Verweis ahnden möchte. Zwar kann das Unheil noch einmal abgewendet werden, aber ich muss mir die beiden doch zur Brust nehmen. Und sie merken offensichtlich, dass es mir wirklich ernst ist. Noch bevor wir in die geheimnisumwitterte Welt der Mafia einsteigen können, bittet mich Helena, auch heute wieder die *Stoppuhr* zu betätigen. Das tue ich gerne und mit Erfolg: Denn heute gehen uns gerade einmal 12 Sekunden der Unterrichtszeit verloren.

Freitag, 4. Stunde:

IMMER ÄRGER MIT DEM KOMMA

Nicht ohne meine *Stoppuhr*: Auch heute wieder hilft uns dieser Zeitmesser, die Störungen in den Griff zu bekommen. So erlebe ich, wie Nausikaa ihre Freundinnen Artemis und Kalypso sanft darauf hinweist, dass sie jetzt ihre Unterhaltung besser einstellen sollten. Und bei Ares reicht ein strafender Blick, um ihm das Essen im Unterricht zu verleiden. Mit dem Komma haben wir heute gleich doppelten Ärger: Erstens, weil kaum einer in der 7d die einschlägigen Regeln kennt. Zweitens, weil ich beim Erklären dieser an sich schlüssigen Regeln durch einen Feueralarm unterbrochen werde. Wie es sich gehört, verlassen wir im Klassenverband unser Zimmer. Vor der Schule aber ist die Panik so groß, dass einige bis in die benachbarte Bäckereifiliale flüchten. Nur Theseus und Agamemnon bleiben mir in Sichtnähe erhalten. Die beiden haben ihre Lektion gelernt.

LITERATUR

Bastian, J.; Combe, A.; Langer, R.:
Feedback-Methoden. Erprobte Konzepte, evaluierte Erfahrungen.
Beltz-Verlag 2003.
ISBN 3-407-62512-X

Bastian, Johannes (Hrsg.):
„Strafe muss sein?" Das Strafproblem zwischen Tabu und Wirklichkeit.
Beltz-Verlag 1995.
ISBN 3-407-25165-3

Becker, Georg E.:
Lehrer lösen Konflikte.
Beltz-Verlag 2000.
ISBN 3-407-22069-3

Bildungsteam Berlin-Brandenburg e.V.:
Alltagskonflikte durchspielen. Rollenspiele für den Mediationsprozess.
Verlag an der Ruhr 2001.
ISBN 3-86072-621-8

Faller, K.; Kerntke, W.; Wackmann, M.:
Konflikte selber lösen. Mediation für Schule und Jugendarbeit.
Verlag an der Ruhr 1998.
ISBN 3-86072-220-4

Gudjons, Herbert:
Spielbuch Interaktionserziehung. 185 Übungen und Spiele zum Gruppentraining.
Klinkhardt Verlag 2003.
ISBN 3-7815-1281-9

Haumersen, Petra; Liebe, Frank:
Multikulti: Konflikte konstruktiv. Trainingshandbuch Mediation in der interkulturellen Arbeit.
Verlag an der Ruhr 1999.
ISBN 3-86072-429-0

Kiper, Hanna:
Selbst- und Mitbestimmung in der Schule: Das Beispiel Klassenrat.
Hohengehren Verlag 1997.
(nicht mehr lieferbar)

Klippert, Heinz:
Eigenverantwortliches Arbeiten und Lernen. Bausteine für den Fachunterricht.
Beltz-Verlag 2002.
ISBN 3-407-62491-3

Klippert, Heinz:
Teamentwicklung im Klassenraum. Übungsbausteine für den Unterricht.
Beltz-Verlag 2001.
ISBN 3-407-62427-1

Lohmann, Gert:
Mit Schülern klarkommen. Professioneller Umgang mit Unterrichtsstörungen und Disziplinkonflikten.
Cornelsen Verlag Scriptor 2003.
ISBN 3-589-21633-6

Miller, Reinhold:
Lern-Wanderung. Basiswissen, Reflexionen und Trainingselemente zum Thema Lernen und Lehren.
Beltz-Verlag 2001.
ISBN 3-407-62475-1

Neill, Alexander S.:
Theorie und Praxis der antiautoritären Erziehung. Das Beispiel Summerhill.
Rowohlt Taschenbuchverlag 1998.
ISBN 3-499-60209-1

Palla, Rudi:
Die Kunst, Kinder zu knechten. Ein Rezeptbuch der Pädagogik.
Eichborn-Verlag 1997.
ISBN 3-8218-4468-X

Petersen, Susanne:
Rituale für kooperatives Lernen in der Sekundarstufe I.
Cornelsen Verlag Scriptor 2001.
ISBN 3-589-21439-2

Reimann, Gereon:
Wenn Kinder immer machen, was sie wollen. Ganz ohne Strafen geht es nicht.
Herder-Verlag 2003.
ISBN 3-451-05383-7

Riegel, Enja:
Schule kann gelingen! Wie unsere Kinder wirklich fürs Leben lernen.
Die Helene-Lange-Schule Wiesbaden.
S. Fischer-Verlag 2004.
ISBN 3-10-062940-X

Rüedi, Jürg:
Disziplin in der Schule. Plädoyer für ein antinomisches Verständnis von Disziplin und Klassenführung. Begründungen, Möglichkeiten, Hindernisse, Beispiele.
Haupt-Verlag 2004.
ISBN 3-258-06775-9

Tymister, Hans-Josef:
Verhandeln statt Strafen – geht das?
In: Johannes Bastian (Hrsg.): **„Strafe muss sein?"** – Das Strafproblem zwischen Tabu und Wirklichkeit.
Beltz-Verlag 1995.
ISBN 3-407-25165-3

Wehnert, Dieter:
Disziplin in der Schule. Wege zu einer neuen Umgangskultur.
Auer-Verlag 2003.
ISBN 3-403-04023-2

www.ku-eichstaett.de/Fakultaeten/SLF/romanistik/didaktik/Forschung/ldl

⇨ *Webseite des Eichstätter Professors Jean-Pol Martin mit vielen Informationen zur innovativen Unterrichtsmethode „Lernen durch Lehren".*

www.zum.de/Foren/ldl/cgi/forum.cgi

⇨ *Diskussionsforum zum Thema „Lernen durch Lehren".*

www.helene-lange-schule.de

⇨ *Webseite der Helene-Lange-Schule in Wiesbaden. Hier finden Sie ausführliche Informationen über das Konzept der UNESCO-Projektschule.*

www.uni-bielefeld.de/LS/index.html

⇨ *Webseite der Laborschule Bielefeld.*

www.guterunterricht.de

⇨ *Handwerkszeug für guten Unterricht: Unterrichtsmethoden, Unterrichtsmaterialien und Tipps für Referendare.*

www.bildungsserver.de

⇨ *Informationen zum deutschen Bildungswesen.*

www.educa.ch

⇨ *Schweizer Bildungsserver.*

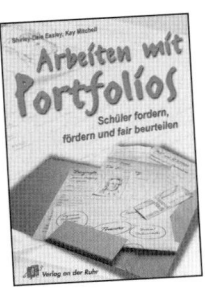